不用國文教科書，
成為升學第一名校的秘密！

百歲老師 橋本 武 著
江宓蓁 譯

百歲老師的奇蹟教室

伝説の灘校教師が教える - 一生役立つ - 学ぶ力

前言

不管活到幾歲，都可以持續學習

我在平成廿四年七月（西元二〇一二年）就年滿一〇〇歲了，其中剛好一半、也就是長達五〇年的時間，我一直在日本兵庫縣的私立灘校①初中部和高中部擔任國文教師。

灘校是日本全國首屈一指的升學導向學校，因此社會大眾對學校的印象多半以為是要求學生死讀書，但是真正的灘校校風其實非常自由，教師們可以各自依照理想中的教學方式來指導學生。

在這自由的校風中，我所選擇的教學方式就是不用任何教科書，以三年時間徹底精讀中勘助②的小說《銀之匙》③。

實際上，我會在上課時進行小說中出現過的放風箏活動，或是在上《百人一首》④時召開和歌紙牌遊戲「歌留多」⑤大會等，希望能透過這種走「岔路」的方式，讓孩子們感受到學習的愉快和樂趣，因此我才會採行這種不囿於一般常識的教學方式。

我的這個做法，先前由我的學生、也就是現任日本神奈川縣知事黑岩祐治的書籍作品《恩師的條件》作過介紹，然後NHK接著製作電視節目報導，最後又因為我的學生們接受採訪後集合而成的專書《奇蹟教室》（暫譯）出版——就像是接力賽跑，使得「慢讀」（Slow Reading）一名在社會大眾之間引發巨大話題。

對此我真心覺得很高興。不只是因為這個現象成功打破了對於灘校的偏見，認為這只是一所死讀書、填鴨式教育的極右派教育機構，最重要的是，這件事情讓我知道，我的教學方式至今仍然活在學生們心中。

另一方面，其實我利用《銀之匙》的慢讀教學，只有在國中三年。原本灘校採用的制度就比較特殊，一旦老師成為學科專任老師，就會連續負責從國中到高中六年之間直升上來的同一批學生。

在這段教學時間的安排，則完全由老師自行裁量判斷，所以在「銀之匙授課」以外的時間，我也可以自由進行理想中的教學，我會給學生閱讀《徒然草》⑥來研究古代人的書寫文字「草假名」（萬葉假名⑦的草書體），或者是挑戰閱讀《英譯萬葉集》⑧等。

在我快要邁入一〇〇歲的現在（本書寫成於二〇一二年），還是每天書寫文章，每天思索各式各樣的事物；每天的基本生活起居，也都是自己動手。

儘管耳朵的確變得有些不靈光，閱讀小字也變得非常吃力，但是思考這個行為，對我來說可是一點也不困難。只要出現任何值得留意的小事，我就會馬上沉浸在思緒當中。

這就像是「銀之匙授課」所要求的，一旦發現任何窒礙難行的部分，就要徹底調查清楚，這是我從年輕時就養成的好習慣。只要持續思考、持續學習，頭腦就不會退化，每天還開心得不得了。

接下來我要告訴各位的，是我在這一〇〇年中時而思考，時而教學，時而發現的事；也就是所謂「學習的人生」。

舉凡我為什麼會進行慢讀授課的理由，以及我想在其他課程中教給學生知道的事，或者是我如何對待那些疏遠國文教育的孩子們，還有對孩子們應有的教育方式，甚至身為人類所應有的生存方式等，我都會盡可能地在本書中完整敘述。

各位完全不需要模仿我的教學方式，而且，我本來就一點也不希望發生這種事情。

我只希望各位在閱讀這本書之後，若能因此得到一些關於教育、育兒，或者是如何生活下去的啟示，那就是我身為作者至高無上的幸福。

【譯註①】「灘」為校名。灘校創立於一九二八年，為私立男校，設有初中部和高中部，分別稱為灘中與灘高。二次大戰後因公立學校的學區制度改變而逐漸成為升學導向學校，目前為全日本東京大學錄取率最高的超級名校。

【譯註②】中勘助，生於一八八五年，東京出身的作家、詩人。曾接受夏目漱石的指導，著作豐富。一九六五年死於腦溢血。

【譯註③】《銀之匙》為中勘助的自傳小說，於一九二一年正式出版。

【譯註④】從一〇〇名日本詩人的和歌創作中每人挑出一首並集結成冊，書名《百人一首》。其中最有名的是在西元十三世紀完成的《小倉百人一首》，為和歌紙牌遊戲「歌留多」的內容引用來源。

【譯註⑤】歌留多（かるた），一種古老的紙牌遊戲。由兩百張紙牌組成，上面書寫和歌的上半闕和下半闕，各一百張。基本規則是由吟詩者吟出上半闕和歌，其他取牌者搶奪寫有下半闕和歌的紙牌。

【譯註⑥】《徒然草》，日本古典文學，據傳完成於一三三〇年至一三三一年間，作者為兼好法師。與清少納言的《枕草子》、鴨長明的《方丈記》並稱日本三大隨筆。

【譯註⑦】萬葉假名，借用漢字的字音，以漢字形式書寫日文假名而成的文字。例如將「さ（音Sa）」寫成「佐」；將「な（音Na）」寫成「奈」；將「かるた（音KaRuTa）」寫成「歌留多」等。

【譯註⑧】《萬葉集》，日本古典文學，完成於西元七世紀至八世紀後半。收錄四五〇〇首和歌，以萬葉假名書寫為其最大特徵。

目錄

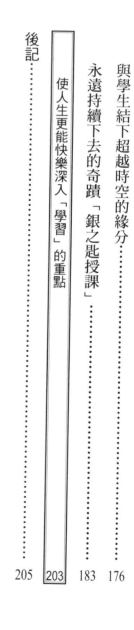

第 1 章

「學習」就是遊戲，「遊戲」就是學習

～再次與學生面對面所學到的學習根本～

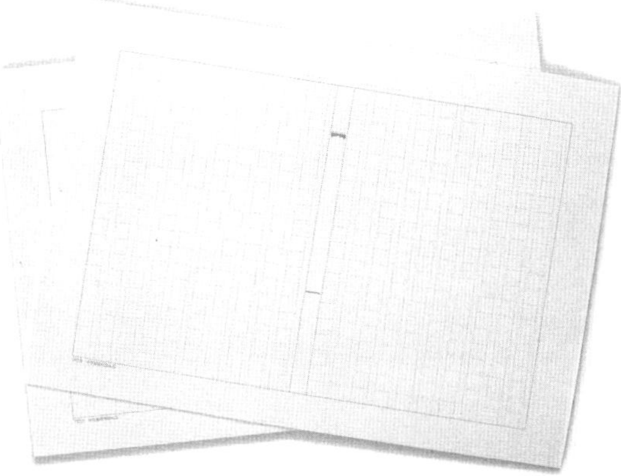

將屆百歲之際重回灘校講台！

平成廿三年六月（二〇一一年），睽違廿七年之後，我再度站上灘校的講台，進行稱為「週六講座」的特別教學。我以現在的灘中生為教學對象，用中勘助的小說《銀之匙》作為教材，嚐試進行所謂的「慢讀」教學。

站上講台後，我對學生們簡單介紹了自己，還有過去我曾經利用《銀之匙》進行授課等，隨後便在黑板上寫下兩個單字。

「あそぶ（遊戲）」「まなぶ（學習）」

就這兩個詞。然後我問他們，「你們覺得這兩個詞怎麼樣？」

有個學生這麼回答。

「我喜歡『遊戲』，但是不喜歡『學習』。」

我覺得世上再也沒有比這更令人悲傷的事情了。灘校現在已經是日本第一難考的學校，孩子們要先進行討厭的「學習」，好不容易才得以入學，結果又要被迫進行更多討厭的學習。

對理所當然之事保持疑問

事實上，如果把「學習」這個義務，切換成「遊戲」的心情，孩子們就會變得更加踴躍參加「學習」活動。這是我們大人必須教導他們的事。

但是，當你面對一個說出「我討厭學習」的孩子，**你不能直接回答他「別這麼說，就用『遊戲』的心情來學習不就好了嗎？」**因為小孩子不知道應該如何「用遊戲的心情來學習」，所以我們必須自然而然地引導他們朝著這個方向前進。

這就是「大人的指導能力」，以老師身分來說，就是「授課能力」。因此我再次詢問他們。

「你們看著『あそぶ（遊戲）』和『まなぶ（學習）』這兩個單字，有沒有聯想到其他東西？」

這時，另一個孩子回答，「這兩個單字都是三個平假名①，然後最後是『ぶ』結尾。」聽完後我毫不考慮地回答：

「說得好！就是這樣不是嗎！」

能夠注意到這一點，其實是一件非常了不起的事。

因為，理所當然的事情，總是容易被我們忽略。

反過來講，**對一般認為理所當然的事情抱持著疑問，思考範圍自然就**

平成 23 年（2011 年）6 月 18 日，作者進行灘校週六講座的情景。

會瞬間擴大。所以我試著追問這些孩子。

「『あそぶ』的『あそ』到底是什麼呢？熊本縣內有一座『阿蘇山』，此外我的故鄉、京都的天橋立附近也有『阿蘇海』，『あそ』可以是山的名字，也可以是海的名字。只要加上『ぶ』，就會變成『あそぶ（遊戲）』。」

「『まなぶ』的『まな』也一樣，雖然比較難懂，不過也有『真名』這種成為假名文字來源的單字存在。加上『ぶ』之後就會變成『まなぶ（學習）』。」

「那麼，我們就來蒐集這種由『ぶ』結尾的單字吧。『ぶ』動詞蒐集大會開始！」

就算沒有實際意義，只要有趣就行了！

我一說完，學生們就一齊開始思考起來。

我觀察教室，有些學生一邊看著天花板，一邊板著手指計算；也有些孩子將注意力放在為了上課而做的「銀之匙研究筆記」上，拼命地振筆疾書。

過了一段時間，我問他們想出來多少個。有些人只想出了二、三個，不過也有人找到了十個左右。此時我詢問那個找出很多字的孩子，是用什麼方法想的，得到了「我是依照五十音②順序想下去」的回答。

聽到這個答案，我稱讚他「做得很不錯」。我之所以會稱讚他，是因為思考日文的單字時，像字典一樣按照五十音順序去想，是非常方便的一件事。

再加上五十音是一種非常非常理所當然的東西，而且你想把話題拉得多遠就能拉多遠。

一般來說只要能記住a段音「あかさたなはまやらわ③……」之後便告結束，可是這樣實在太沒意思了，所以我再次發問。「誰有辦法把『あかさたなはまやらわ』顛倒過來說嗎？另外i段音④有沒有辦法照做呢？」結果一問之下就沒有人回答了。

這時，我用很快的說話速度「わらやまはなたさかあ。いりいみひ……。うるゆむふ……。」說完了從a段到o段的顛倒五段音。

孩子們全部都嚇一大跳，因為他們從來沒聽過這種東西。其實，就算辦得到這種事情，乍看之下也是沒有任何意義的。可是所謂學習就是偶爾**毫無意義也沒關係，只要有趣就好**。**這也是因為「遊戲＝學習」的關係**。

此外，孩子們在遊戲時候腦部會接收刺激，同時可以促進記憶力。當他們必須記住某些比較困難的東西時，有沒有體驗過類似的經驗，就會造

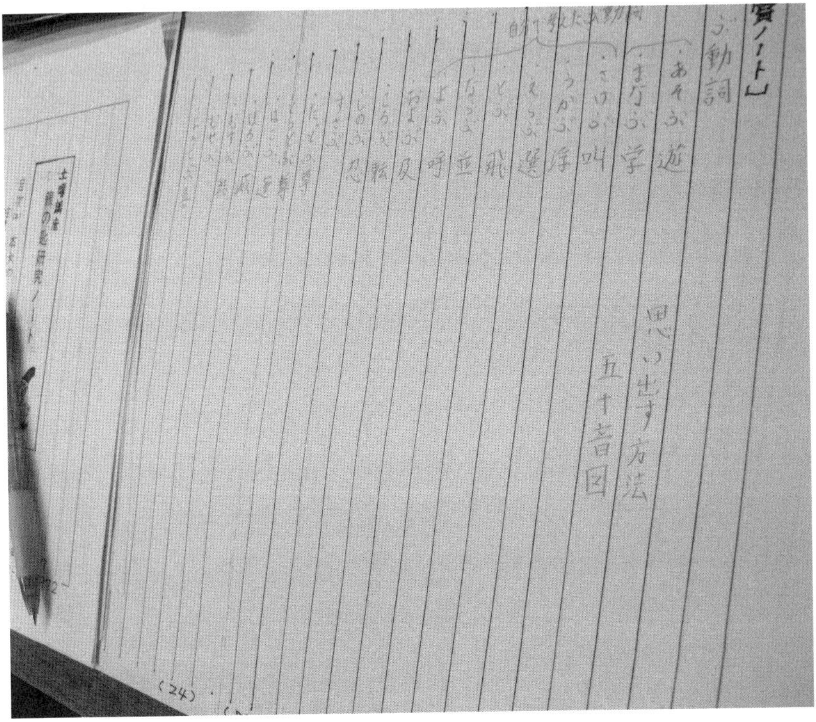

參加週六講座的學生所寫的「銀之匙研究筆記」。

成吸收程度的差異。

若從這一點來看，日本傳統歌謠「伊呂波之歌」⑤也是很有效的「遊戲道具」。小時候還不了解意思，只是隨口哼著「いろはにほへと……」⑥這樣也無妨。

接下來，可以對語句的意義，或是對句子的節拍，也就是現在稱為「今樣」的七五字句型節奏進行調查，或是可以思考漢字是如何對應字音等。愈是擴展研究主體，所能獲得的知識就會愈多，學習也會變得愈來愈有趣。

結果，週六講座那一天，雖然幾乎沒有談到《銀之匙》，但是我其實一開始就打算把重點放在「遊戲」和「學習」，因為這才是我一直以來所持續進行的授課方式。

多虧如此，學生們覺得非常開心。

還記得在課程開始時，有個孩子回答「我喜歡『遊戲』，但是不喜歡『學習』」。那個孩子在課程結束後表示「感覺上『遊戲』和『學習』中**間的藩籬似乎消失了。**」我聽到這件事情，真的覺得非常高興。

過去我用《銀之匙》所指導過的孩子們，與現在的孩子們，在本質上是一樣的。只要大人事先將各種遊戲的要素安排妥當，孩子們就會自然而然地學會各種事物。

而這就是所謂的「**走岔路**」。

創造一個孩子能夠安心學習的環境

在週六講座時，我就是採用這種做法。究竟為什麼我要這樣強調「學習」和「遊戲」呢？因為我認為**自己會主動參與的事情就是「遊戲」，所以「學習」也應該主動參與。**

用職棒來舉例吧。

職棒比賽為什麼會這麼有趣？那是因為選手們並不是在鬧著玩，而是要在所有觀眾面前力求表現，也因此我們觀眾就會覺得有趣。

但是遊戲卻截然不同。必須自己主動參與，並和大家一起行動過之後，才有辦法真正體會到遊戲的快樂與有趣之處。如果只是遠遠看著別人遊戲的身影，那可是一點也不有趣。別說是小孩子，就算是大人，只要發現有趣的事，也會積極主動地一頭栽進去。

學習來說也是如此。哪怕說話的人是父母師長，若是劈頭便強求孩子做這個、做那個，無論大人說多久，孩子都不會出現分毫的幹勁。所謂的教育，還是要朝著盡量引出孩子自身的力量，朝自己的方向前進才對。因為**一旦孩子自然而然地對某件事情感興趣，他們就會開始主動跟進，實際動手。**

為了達到這個目的，「遊戲教育」不就變得越來越重要了嗎？

重點在於**想辦法讓孩子們能夠以遊戲的感覺持續學習。**還有妥善製造出適當的氣氛與環境，讓孩子覺得有趣，進而主動說出「好～就來做做看吧！」

只要能做到這兩點，之後就算放任他們自行發展，孩子們也一定會依照預期的方向前進。

秘訣就是把工作當興趣

當然，適合「遊戲教育」的環境，在家是父母長輩，在校則是老師必須負責創造出來的。就我來說，以「銀之匙研究筆記」為主的教材製作，就算是此類。

我是在昭和25年時（西元一九五〇年），開始把《銀之匙》、以及依照該書的每一個章節製作而成的填充題式「銀之匙研究筆記」拿來當作教材使用。那個時候複印講義的方式就只能用謄寫鋼版印刷（即「刻鋼版」）。

所謂謄寫鋼版印刷，就是用手拿著鐵筆，在蠟紙上面刻出內容，再將蠟紙平放在印刷機上面滾墨複印。製作那塊蠟紙版是非常艱鉅的大工程。

當時不管是紙張還是印刷術本身的品質都相當粗糙，而且刻寫蠟紙版

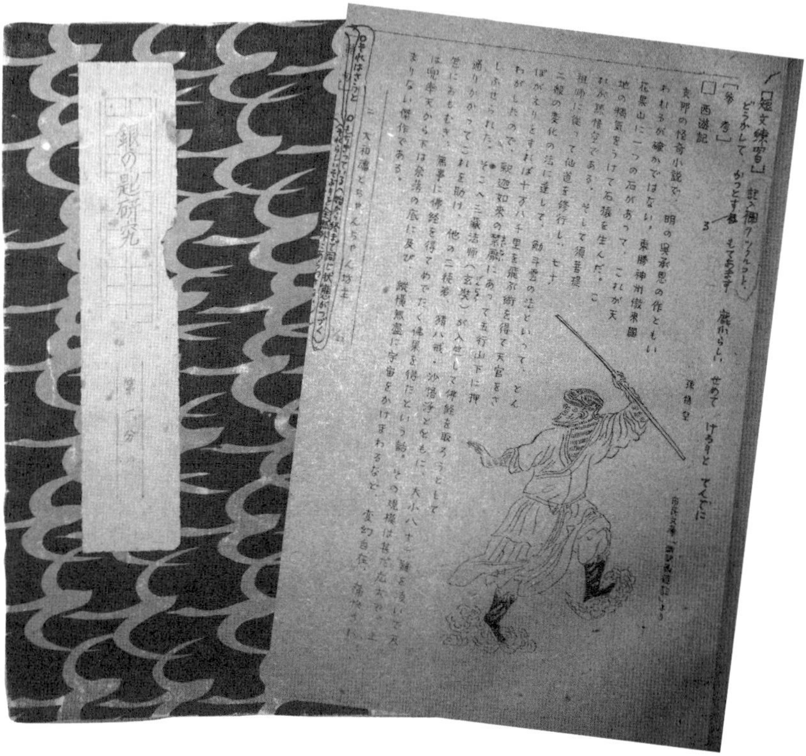

昭和 25 年（1950 年），作者親手製作的第一代「銀之匙研究筆記」。

不只需要力氣，還需要大量的時間與耐心。再加上如果除了文字以外還要複印圖片，自己就要備齊所有必須的道具，以及繪圖所需的技術。

此外，繼《銀之匙》之後，我決定將《徒然草》也納入授課範圍時，心想如果能夠直接閱讀古人所寫的草假名文字，應該會比較裡想。但是想用鐵筆刻出草假名特有的忽粗忽細筆劃，實在是難如登天。為此，我自掏腰包參加了謄寫版的函授教學講座，同時也備齊了所有的印刷用具。

經過函授教學一年左右的指導後，我學到了足以用來刻寫出草假名蠟紙版的技巧，以及圖片的繪製方法，在技術層面上大有進度。

但是儘管如此，真要動手製作《徒然草》的講義時，卻始終不太順利。若用鐵筆一筆一劃刻出草假名，一行要花廿分鐘、三行就要一小時。以一面紙共有十二行來說，光一面就要花上四小時的時間。

在學校裡的空閒時間，還可以刻個一行兩行，但是這種作業當然不可能在學校的校務時間之內做完。所以我都把東西帶回家裡，每天拼命刻個不停，直到半夜兩三點。

不過話說回來，雖然我一直這樣磨耗自己的時間與金錢，可是我卻從來沒有想過自己應該要拿加班費什麼的。甚至也沒有感受到疲憊或是倦怠感。

這是因為**我能夠放手去做自己想做的事情，光是這樣就能讓我覺得心滿意足的關係。**

對我來說，工作就等於興趣。若非如此，像這種亂七八糟的教師生活，實在沒辦法一直做下去啊。

故意不比較分數

教室這個環境，其實並不能一直保持著遊戲的感覺，這是不爭的事實。

一旦老師說出「要考試了！要發成績單了！」孩子們自然會變得坐立難安。可是這樣一來，孩子們也就無法持續不斷地學習。

過去我在上課的時候，其實也經常舉辦小考，只不過都不是臨時抽考而是事先指定好範圍，例如課堂上教過的《更級日記》⑦的部分內容，告訴他們「從這裡到這裡是小考會考的內容，要先讀熟」這樣。

而且批改的工作也不是由我負責。我都**讓學生們互相交換考卷，互相批改**。

「如果你覺得分數打得太低，就去和批改的人討論一下原因，問他這樣會不會太嚴了。」

同時還要另外告訴他們「小考的分數不管幾分，最後都是滿分喔」。我會記錄每一個學生的成績，但是並不會納入最終成績計算。因為**我真正**

希望他們學到的事情，是每個人的接納方式與想法都不同。任何「正確答案是這樣，所以要這樣想」之類的話一概不提。最重要的，是讓學生們能夠安心地交換考卷，彼此評分，互相討論。

除此之外，我每個月都會提出一本課外書或補充教材，吩咐他們寫出內容概要與讀後心得。

這也和先前提過的考試一樣，只要有交就是滿分。孩子們甚至會寫出「好難喔」「看不懂」「讀這種東西真是浪費時間」等等，但不論寫出了什麼感想，只要有寫就是滿分。

如此一來，**學生們也能放手去寫自己真正想寫的東西**，完全不必擔心「我寫這種東西出來會不會被扣分？」這就是我的做法，也是我的目標。

我幫學生們打分數的方法，是由平日上課時的平常成績，還有期中、期末的考試成績各占百分之五十。考試的內容，除了平常上課上過的東西一定會出現之外，還有很多和上課內容沒有太大關連性的應用問題。

「這次考試都是應用問題，所以不針對考試念書也沒關係喔。」

大概就像這個樣子。在看到學生的答案之後，我也不會做出「這實在寫得太糟糕了所以給〇分」這種事。此外，就算他們在一〇〇分滿分裡只拿了五〇分，只要平常成績拿了一〇〇分，平均成績還是會有七十五分。

總而言之，**最重要的並不是考試的成績，而是日日累積的成果。**因為我採用了這樣的做法，所以學生不必擔心小考的成績，也不必把心思全部放在期中期末的考試上，因而能夠持續不斷地勤加學習。

大學入學考試根本不需要技巧！

正如同我先前提過，我會讓學生彼此互相批改小考考卷。我平常最重視的就是「在討論中學習」「合作進行」這兩件事。

特別是成為高中生之後，免不了要面對大學升學考這個問題；而這個問題當中又特別強調「競爭」「對手」「孤獨」等諸多要素。但是我認為，正因為必須面對升學考，所以我才希望孩子們能夠彼此互助，突破困境。

為了製造出互助的氛圍，灘校第廿屆畢業生（昭和四三年、一九六八年畢業）在高二的時候，我要求總計四個班級的學生們，進行古典文學的共同研究。

各個班級裡的學生以三至五人為一組，論文題目自定。進行流程是在第一學期⑧中決定題目，暑假期間結束文獻調查，九月底提交報告。

透過研究古典文學所培育的感情

學生們一邊討論著「這個不好，那個也不行」，一邊持續研究，最後交出來的題目真的是五花八門，種類繁多。

從「《論語》登場人物之評論及其精神」「《方丈記》所含之無常觀」到「《伊勢物語》的和歌技巧」，甚至還有「試評《徒然草》之缺點」。

接著再透過學生的手，將這高達五十六篇的論文集結成冊，每班裝訂成一本。

總而言之，我明明要求他們做了這麼麻煩的一件事，但是卻沒有任何一個人臨陣脫逃，這讓我覺得非常欣慰。

「結果本身並不重要，真正重要的是，在達成結果之前，你在過程中所注入的思慮之深、之大。」

作者指導學生研究古典文學，進行分組討論。

正如同我對古典研究報告的態度，我的目的就是讓孩子們知道成就一件事情的過程是多麼有趣，同時加深他們之間的感情。

至於下一梯次、也就是第廿六屆畢業生（昭和49年、一九七四年畢業），我也要求他們進行同樣的共同研究，只不過一直到了高三的第二學期才完全集結成冊。由於和升學考衝刺的時期有所重疊，我想他們應該非常努力才是。

當然，用草假名來閱讀《徒然草》，或是和同學們一起研究古典文學，這些事情其實都和升學考衝刺沒有任何直接關聯。

可是真正面臨升學考的孩子們都說，「東大的國文題目根本簡單到不行」，或是進入國文系之後說，「除了我，沒有人有辦法閱讀草假名寫出來的東西」。

像這樣深入研讀古典文學以及草假名，到最後都會成為孩子們的自信，進而表現出來。

「學習」並不僅止於學習升學考試的作答技巧而已。這些孩子的表現可說是意外證明了這句話。

走自己想走的路

當頭一批進行古典文學共同研究的第廿屆畢業生（《銀之匙》第二期生）在昭和四十三年（一九六八年）畢業時，灘校第一次獲得了東京大學合格人數全日本第一的殊榮，遠遠超過當時一直都是第一名的公立日比谷高校，共有一三二名合格者。

對於這個首次由私立學校所達成的創舉，媒體不經採訪便說，灘校採用的是徹底無視學生個性的填鴨式教育，在當時引發了大騷動。

然而，若是從合格人數除以報考人數所得的合格率來看，灘校在多年以前就已經是不折不扣的冠軍了，自然可以想見再過幾年，合格人數一定會成為第一名。

此外，儘管「銀之匙世代」的東大合格人數第一名，這件事情至今仍然受人津津樂道，但是灘校除了我之外，還有許多出類拔萃的老師，而這些老師當年根據自己的想法所做的教學，也比一般的水準為高，才有這樣的結果。

換言之「銀之匙世代」畢業的那一年，灘校會榮升東大合格人數第一名的原因，並不只是因為「銀之匙授課」。這是因為學校都一直都在努力整頓更加優良的教育環境所得到的結果，而這個結果湊巧出現在昭和四十三年而已。

再者，我雖然有對學生說過「真的不曉得該怎麼辦的時候可以來找我」，但是我卻幾乎完全沒進行過升學指導之類的事情。

總而言之，我平常總是告訴他們自己想去的大學，或者是願意接納自己的大學，才是最好的大學。當然我也從來不曾說過「去考東京的大學」這句話。

一個學年大概有二〇〇名學生，其中也有一些平常排名在一〇〇名之後，大家都覺得可能有點能力不足，但是仍然考上東大的孩子。**畢竟考試絕非可以預料之事，只要依照自己的想法進行挑戰就行了**。

我自己徹底克服不拿手科目的考試經驗

我自己也曾體驗過升學考試，只不過是遠在八〇多年以前。中學四年級⑨的時候，我的老家破產，當時不得不放棄繼續升學。但是在班導師的協助之下，我住進了當地醫生的家中，好不容易才得以繼續探索升學之路。

當時師範和軍隊相關的學校並不需要學費，只是我自己生性軟弱，加入軍隊對我來說根本是天方夜譚，於是我決定把目標放在東京高等師範學校（後來的東京教育大學，現在的筑波大學）。

在我進行升學考準備時，最大的重心是擺在克服不拿手的科目。當時的高等師範學校，雖然入學之後並沒有數學課，但是考試時卻有數學考題。希望進入國文・漢文科系的每一個人都對數學很不在行，正因如此，我盤算著只要在不拿手的數學科拿到比其他考生要高的成績，應該就比較容易考上，所以我進行了完完整整的數學科研讀。

具體的讀書方法，就是先設定好一天之中的一段固定時間，然後再拿出厚厚的代數參考書拼命解題。

參考書的編排方式，是在一般例題之後先有簡單的題目，然後才是困難的題目。例題和簡單的問題其實都還意外地好懂，但是困難的問題，我則是完全看不懂。

於是我只接觸那些自己好像解得開的題目，**跳過那些困難的問題，因為思考實在是太浪費時間了**。我就用這種方式強迫自己持續準備數學科。

到了最要緊的考試當天，數學科第一大題就是代數。在六小題當中我完美地解出了四小題。

至於另外二小題，有一題我不知道答案正不正確，但是最後還是求出了一個數值。而最後一小題則是至今不曾算過的題目，所以我交了白卷。不過第一大題竟然出得這麼簡單，甚至讓我覺得「我做得這麼好，是真的嗎？」心情因此放鬆了不少。

其他還有一些幾何問題，當中甚至有一題故意出的和教科書上教得一模一樣，這才是真的整題囫圇吞棗地背下來的題目。

雖然不知道究竟正不正確，總之我還是把答案寫出來。就這樣，我想我應該是在數學這一科拉大了和別人之間的差距，所以才會順利考上。

當時能夠應屆考上東京高等師範學校的，我是全校第一人，因此母校將我捧成了天才，在當地也引發了不小的騷動。

如此，當年我在面對升學考這個現實的時候，採用了和「慢讀」相去甚遠的讀書方法，好不容易才解決了頭痛的數學問題。

即使是我，也曾經不得不在考試或提交報告的前一天臨時抱佛腳，總之先能求及時低空飛過眼前的考試，或是其他任何難關，會用這種過得了一時的方法也是逼不得已。

只不過，像這種臨陣磨槍學來的知識，總是會馬上忘記，派不上任何用場。

馬上派上用場的東西，通常馬上就會派不上用場。

我是這麼想的。

為了能夠得到放眼廿年，甚至三十年之後的學習力與能力，如果不能像「銀之匙授課」一樣對於任何枝微末節都抱持著疑問，靜下心來耐心思考這些疑問，就不可能收到什麼好成果。

第1章　如同「遊戲」一般的「學習」重點

❶ 對於理所當然之事抱持著疑問。

❷ 就算偶爾沒有意義也無妨，學習只要有趣就好。

❸ 更加刻意地走上岔路看看吧。

❹ 安排一個能夠暢所欲言，恣意書寫的環境。

❺ 比起分數，每天的累積更為重要。

❻ 體驗一同成就某事的過程，加深彼此的關係。

❼ 升學考的作答技巧，和學習是兩碼子事。

❽ 考試無法預料，儘管按照自己的想法進行挑戰吧。

❾ 為了度過難關而死背是在所難免，不過臨陣磨槍的知識忘得也快。

❿ 馬上派上用場的東西，通常馬上就會派不上用場。

【譯註①】一般日文文字的通稱。

【譯註②】日文字的五十個字音，用母音和子音分類之後整理而成的圖表。母音有aiueo五個，子音有kstnhmyrw九個。5個母音字音加上搭配子音後的45個字音，總計五十音。大約相當於台灣的ㄅㄆㄇㄈ注音符號。

【譯註③】五十音表中每一行的第一個字。由不同子音搭配母音a，稱為「あ（a）段音。是一種背誦方式。

【譯註④】「い（i）段音」是五十音表每一行的第二個字所組成。由不同子音搭配母音i。

【譯註⑤】伊呂波之歌，是利用毫無重複的47個平假名，寫成四句七五調的和歌。據傳為平安時代中期（西元9世紀）的作品。

【譯註⑥】此為伊呂波之歌的歌詞。

【譯註⑦】《更級日記》，作者菅原孝標女。平安時代女流日記文學的代表作之一。作者從十三歲（一〇二〇年）至五十二歲（一〇五九年）約四十年間所寫下的日記作品。

【譯註⑧】日本高中以下學校分三個學期，第一學期4—7月、第二學期9—12月、第三學期1—3月。以暑假、寒假、春假三個長假為界。

【譯註⑨】在一九四一年日本公布中等學校令之前，日本的中學是五年制。

第 2 章

國文能力即為生存之力與快樂學習的根本

～重點在於「閱讀」與「寫作」的平衡～

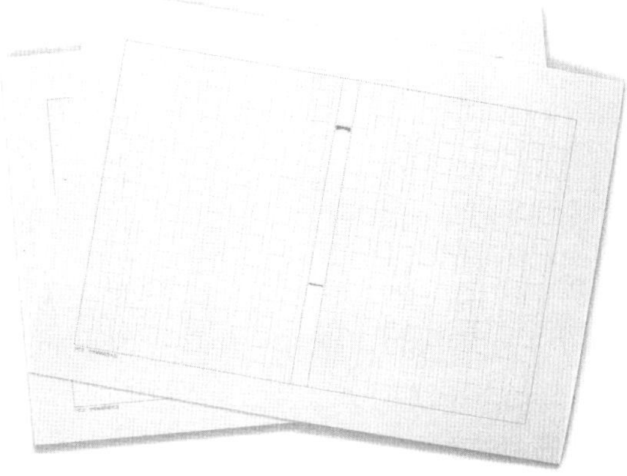

「多讀」引導我找到命中注定的一本書

長年以來的國文教師生涯，讓我得以斷言「國文能力」就是一切學問的基礎。

姑且不論文科科目，就連數理科，也必須事先理解題目的說明以及問題才能作答。因此，學生們只要勤加鍛鍊國文能力，對於數理科目的理解能力就會自然提升。

一般日常生活中，也都處處需要國文能力。換言之，國文能力其實就等於「生活能力」。理解對方，並讓對方理解自己，這些是人際關係中的最基本，同時也是最重要的部分，不管你再怎麼不情願，國文能力都備受考驗。

此外，這裡所說的生活能力當然包含了「早安」「你好」「謝謝你」之類的招呼用語與禮儀。因為所謂國文能力的學習，是從確實進行這些動作開始的。

只不過，就算你對孩子們說「國文能力很重要」基本上也沒有什麼意義。

不是光用說的，而是讓孩子們自然而然地了解、感受到這件事，就是**我們老師和大人的責任**。我自己一直朝著這個目標前進，結果最後抵達的終點就是「銀之匙授課」。

目標是足以成為精神糧食的教學！

承蒙厚愛，經過我的學生、也就是現任神奈川縣知識黑岩祐治同學（第廿六屆畢業生，昭和49年、一九七四年畢業）的著作《恩師的條件》（日本 Lyon 社出版，後更名為《灘中──奇蹟的國文教室》由中央公論新社再版），以及《奇蹟教室》（日本小學館出版），還有一開始提到的灘校週六講座等，一連串動作引發了社會新話題，我的授課方式也被印上「慢讀」之名，受到媒體的爭相報導。

中勘助的小說《銀之匙》，花上三年時間閱讀這本僅有二〇〇頁左右的薄薄文庫本①，而且還不管當時應該是上課時間，只要作品內出現了放風箏的場景就到外面去放風箏，有小點心登場就在教室裡實際試吃……。

這的確是相當獨特的上課方式，但是無需我強調，當時開始這種授課方式時並沒有「慢讀」這種說法，而且我自己更是完全沒有半分半毫「慢讀」教學先驅者的感覺。

我只是心想「如果可以進行一種不被侷限在教科書裡，自由自在的教學方式就好了」。

我之所以會把授課的重心放在讀書上，是因為我有一個宏願：希望我的上課方式能夠以某種形式永遠留在學生的心中，成為他們賴以生存的精神食糧。但是話雖如此，當日本一腳踏入戰爭（二次世界大戰）的時候，我們在戰時體制之下，幾乎無法按照自己的想法教學。在那段日子當中，我重新思考了自己的教學，到底擁有多少打動學生內心的力量。

這時，我試著回想起，自己在中學時代上國文課時到底是什麼樣子。然而心中雖然湧現出對老師的欽慕之情，但是腦中卻一點也想不出來當初到底用了什麼教材？是用什麼方式進行教學？

唯一想起來的，就只有「《徒然草》裡描寫的仁和寺和尚的故事實在很有趣」而已。

想到這裡我不禁愕然。儘管老師是這麼努力地站在講台上教學，但是等到學生畢業之後，卻沒有在他們心中留下半點東西，身為一個老師沒有比這更空虛的事了……。

小學時代的回憶

「既然如此，我到底該怎麼辦才好……」

就在我不斷煩惱著教材的選擇，還有教學方式，小學三年級的國文課回憶在我的心中甦醒了過來。

當時負責我們班國文課的加藤老師，才是真的完全不用國家規定的教科書，反而念了一些真田幸村、霧隱才藏等英雄豪傑②大肆活躍的講談本（網羅許多故事的書）給我們聽，真的非常有意思。

我也因此想要知道，想要閱讀更多這方面的故事，於是開始鍥而不捨地向母親要求「買書給我」。換句話說，**不讀教科書而讀故事書的授課方式，正是我的讀書人生的起點**。

長大成人之後，除了原本就已經滾瓜爛熟的講談本故事之外，就連有點冷門的登場人物塙團右衛門直之③之類的人名，我也依然記得清清楚楚。

至此我便開始認為，如果我也能像這樣在上課時拿故事書當成教材，我的上課內容應該就會永遠留在孩子們的心中。

經由閱讀競爭而開啟的慢讀之道

當然，與《銀之匙》這部作品相遇，就和我出現上述想法一樣重要，我至今仍然相信世上再也沒有比《銀之匙》更適合拿來當作慢讀教材的書了。如果我當初沒有看過《銀之匙》，我的授課內容想必會變得截然不同吧。

讓我遇上這本無可取代的《銀之匙》的契機，是在昭和九年（一九三四年）剛剛前往灘校赴任時，與朋友一起開始的「閱讀競爭」。

其實，我在前往灘校之前，還在就讀東京高等師範學校的時候，幾乎沒有機會閱讀自己喜歡的書。身為一個清貧的學生，四年的在學期間當中前兩年是當家教，後兩年則是協助參與了堪稱世上最詳盡的漢和辭典《大漢和辭典》的編纂。每天從早忙到晚，別說是閱讀，就連課業的預習和複習的時間都快沒有。

因此，我是在高等師範學校畢業，來到灘校的時候，才真正徹底沉浸在閱讀當中，比一般人稍微慢了一點。當時正好有位朋友任職於京都的女子師範學校。這位朋友是個驚人的愛書家，總是不時寄給我「這本書很有趣，那本書很棒」之類的感想文。

而我讀了那些書之後，**就燃起了絕對不能輸的熊熊鬥志，於是開始不分國內外文學作品瘋狂閱讀起來。**之後我們兩人就開始了閱讀競爭。我為了全力補償學生時代的不足，讀遍了當時沒有機會閱讀的書，每天都和那位朋友互相交換感想……。

儘管有部分原因是因為學生時代的反抗期，但是就在我把全副心思都放在閱讀上的時候，我遇上了中勘助的《銀之匙》。因為我被這部作品深深吸引，進而閱讀他的其他作品之後，我便完全迷上了中勘助，最後把他的所有作品都讀完了。

對，硬要說的話，後來的「慢讀」之所以會誕生，多多少少都和我的「亂讀」「多讀」有點關係。

不求正解，享受思考的樂趣

日本戰敗後，幾乎所有的教科書內容都被廢棄，完全無法使用。而且當時的物資也極度不足，所有教材都必須要自己下功夫準備。

此時，**我毫不猶豫地決定捨棄固有的教科書**。同時我想賭賭看自己選擇的全新教材，也就是在「閱讀競爭」當中一見鍾情的《銀之匙》。

中勘助的《銀之匙》是由前篇五十三章、後篇廿二章所構成的自傳小說。文章形式為散文，其字句之優美曾受中勘助的老師，也就是大文豪夏目漱石極力讚揚。再加上此書原為報紙連載小說，所以還有另一個特徵就是，每一章的長度都不長不短恰到好處，容易閱讀。

此外就內容來說，書中也隨處可見江戶低窪地區的風俗，傳遞出日本傳統生活樣式，或者是「天干地支」「節氣」等古代傳下來的智慧。

因此，只要能熟讀《銀之匙》就能學到各式各樣廣博的知識，然後再透過知識逐漸增加的樂趣，就能加倍激發學生們對於國文這一科的興趣。

然而，如果我只是把《銀之匙》裡出現過的事物口頭告訴學生，那就一點意義也沒有了。為了讓孩子能夠在開心閱讀《銀之匙》的同時認真學習，我才製作了包含詳細閱讀重點的補充教材，取名為「銀之匙研究筆記」。

我在這份筆記的第一頁當中，開宗明義地寫出下列學習方法。

「銀之匙研究筆記」的學習方法

①通讀

把每一章都瀏覽一遍，事先把不懂的字查出來，要特別注意字的念法（發音）。

②主題

想想看，每一章的重點是在寫些什麼，試著自己創造章節標題。

③內容的整理

試著整理出每一個章節，是用什麼樣的順序，描寫什麼樣的事情。

④語句的意義

（研究筆記裡）已事先記載了困難語句的意義與說明，請努力把這些內容記下來。

⑤必須注意的語句

（研究筆記裡）特地從原文當中挑選出來的語句，請試著說明該語句的意思還有使用方法。當中有人盡皆知的簡單句子，也有很困難的句子，請自行查詢，或者是和朋友討論。

⑥造句練習

利用前項「必須注意的語句」當中出現的字，造出幾個句子，並將其中一個句子寫下來，記在心裡。

⑦鑑賞

把你覺得書中描寫方式極佳的部分抄下來，同時思考究竟是哪一點讓你覺得佩服。

⑧參考

（研究筆記裡）已經事先條列出來，與內容相關的各項重點，請務必熟讀並記住重點所在。

如何走向「岔路」的重點

舉個例子，關於②「主題」就是活用了《銀之匙》書中並沒有寫明章節標題的特徵。除了自行思考之外，班上也會決定一個統一的標題。這麼做的目的充其量只是讓孩子知道自行思考的重要性，同時知道自己以外的其他人是如何思考，絕對不是企圖告訴他們哪一個才是正確答案。

那麼我們就來看看《銀之匙》第二章的開頭部份，當做範例吧。

「我出生之時，母親經歷了一場極為嚴重的難產，就連當時聞名遐邇的產婆都束手無策，所以就請了中醫醫師東桂先生過來，但是…（以下略）」

記載於「銀之匙研究筆記」中的學習方法。

在這麼短的文章中，其實還是可以挑出很多字句來的。

例如在④「語句的意義」項目裡，我寫出了「聞名遐邇＝遠近馳名，著名」和「中醫＝從中國傳來的醫術」。

在⑤「必須注意的語句」項目中，則是寫了「產婆」。

至於⑧「參考」當中，我以「中醫醫學與神農氏」為主題，詳細解說了中醫醫學的歷史，還介紹中國傳說中的黃帝，同時也以藥神之名受人供奉的神農氏，最後說明中醫帶給日本何種影響等等，衍生出許多「岔路」。

不過這裡選出來的主題，並不侷限於困難的單字或是一定要學會的單字，因為我的另一個目的就是**故意挑出大家都熟悉的字，讓孩子們可以從其他的角度來重新思索**。

因此，假設出現了「老鼠算法」④這個詞，解說文就會故意不寫出文字本身代表的意義，而寫成「一月時公老鼠和母老鼠生下了十二隻小老鼠，二月時父子兩代老鼠又各自生了十二隻小老鼠，如此到了十二月的時候，老鼠的數目就會有二七六億八二五七萬四四〇二隻」。

將這種走岔路的授課方式發揮到極致的，就是用「參考」的形式介紹了《銀之匙》前篇十三章內文中的「雜貨店糖果」，我還在上課時讓大家試吃這些糖果。

總而言之，「銀之匙研究筆記」裡，就是**裝滿了這些讓孩子們積極遊戲，同時還讓他們不停地走向岔路的要素**。

也因此，我在第八屆畢業生（昭和三十一年、一九五六年畢業）入學那一年，也就是從昭和二十五年（一九五〇年）開始，我下定決心進行以《銀之匙》為主要教材的教學。

「銀之匙授課」打動了孩子們的心

當然，當時我的確認為這種上課方式絕對很不錯，但是卻不太敢確定孩子們到底有沒有辦法接受。事實上，只要看過他們課後寫下的感想文，就可以知道「銀之匙授課」剛開始時學生們心中的疑惑。

「到底該怎麼念書呢？我不知道自己辦不辦得到。」

「總之我對這本書就是有點抗拒的感覺。理由是因為……（中略）我原本就對岩波文庫沒啥親切感，現在又偏偏用在學校的課程上。」

如上，我們可以知道還是有學生對於我這種沒有教科書也沒有筆記本，上課時只用一本文庫書和講義的授課方式感到不安。此外關於《銀之匙》的內容，也有學生認為「內容怎麼盡是一些無聊的東西」。

我在「銀之匙授課」的第一堂課裡，試探性地詢問他們喜不喜歡國文，得到了五％的人回答喜歡、五％的人回答討厭，至於剩下的九十則是「不喜歡也不討厭，只是因為有國文課才勉為其難地上課」令人傷心的結果。

但是，在我開始進行「銀之匙授課」一段時間之後，只要我拿著講義進教室，學生們就會拍著手歡迎我進來。

如此經過一年的「銀之匙授課」，我在學年結束之時再次詢問他們喜不喜歡國文。雖然五%「討厭」依舊不變，但是剩下的九十五%全部都回答「**喜歡**」國文。

那時我才真正相信「這樣我就能確定了！將來能繼續《銀之匙》授課！」費時一年，我總算完成了既快樂又有趣，能用遊戲的感覺進行學習的授課形態。

大量閱讀，如此一來人生就會更有深度！

截至目前為止，我不斷提及讀書這件事的意義所在還有它的美妙之處。對此我是這麼想的：

一個人在人生當中能夠體驗到的事情，能夠親眼看到、親耳聽到的事情，只侷限在自己本身。可是**透過讀書，除了可以知道僅憑一己之身無法體驗到的事情，同時也見識到和自己不同的生活方式**。

只要多讀那麼一本書，就能體會到相等的生活方式以及人間百態。所以讀書這件事還是越早開始越好，不管讀什麼書都好。

總之最重要的，就是盡量多讀一點書，愈多愈好。**看到不懂的地方，直接跳過也無妨**。

我之所以會有這樣的想法，是由我自己的讀書經驗而來的。

如同先前所述，我自從在小學三年級讀了講談本之後，我便體會到讀書的樂趣所在。

等到升上小學六年級，我已經開始閱讀《東海道中膝栗毛》⑤《椿說弓張月》還有《南總里見八犬傳》⑥等古典作品的文言文原書。當然，當時我並沒有辦法完全理解所有的內容。

可是就算我完全不懂意思，故事本身的趣味性依舊不變。所以就算我一直讀下去也絲毫不覺得厭煩。

升上中學之後，這樣的閱讀癮頭變得越來越嚴重。當時正好開始興起了「全集」的熱潮，所以我也哀求自己的父母買一套《世界文學全集》給我。

當中也有一些像是《基督山恩仇記》等等有趣的小說，不過其他大部分都是描寫複雜戀愛糾葛的作品，對一個中學一年級的學生來說實在不好懂。可是中學一年級的學生也有屬於中學一年級的感性，總之我就這麼繼續讀下去。

之後雖然因為貧困和忙碌，而度過了一段無法隨心所欲閱讀的高等師範時代，不過前往灘校赴任之後，再次讓我重拾閱讀這項興趣，原因就如同之前的段落所言。

儘管現在還不懂，但是未來一定會有派上用場的時候

我在「銀之匙授課」中，讓孩子們親手操作他們從未體驗過的風箏製作和放風箏活動，也讓他們試吃了雜貨店糖果。

然而光憑「銀之匙授課」就想讓他們了解，人類其實擁有各式各樣的生活方式，其實還是有難度的。

因此，為了補足「透過讀書所得到的人生經驗」，我在讓孩子們閱讀《銀之匙》的同時，還讓他們閱讀了其他各種不同的書。

之前曾經稍微提過，我每個月都會要求他們閱讀一本課外書，就是最

好的例子。每個學年指定的書本都不同，而且並不侷限於日本的作品，例如勒納爾⑦的《胡蘿蔔鬚》等外國作品，也都在指定範圍內。

中學一年級的學生，我所指定的是夏目漱石的《少爺》或芥川龍之介的《羅生門》等簡單好讀的作品。等到升上中二、中三的時候，等級也隨之升高，《古事記》⑧和上田秋成的《雨月物語》⑨等古典作品，也成為課外讀物。

對學生來說，想在短短一個月之內讀完《古事記》或是《雨月物語》的確是一件非常困難的事。

可是我一直都這麼想：

總之能讀多少就讀多少。**只要完整瀏覽過一次，就算現在不懂，將來需要細讀的時候也一定會派上用場**。反正也不可能完全看不懂吧？既然有看得懂的地方，就先從那個地方開始理解就行了。

另一方面，當上課念到《徒然草》的時候，則是要求他們精讀。我用古代的草假名書寫，讓他們徹底熟讀。此外我還要求他們把文中的每一個單字都分別寫出來，並在旁邊逐一加上白話文翻譯。如果學生不另外補上一些字就看不懂意思，就讓他們在單字旁邊拉出一條線，寫上補充的解釋。

這樣的做法不只能讓他們了解整篇文章的意思，同時也讓他們認識每一個單字所代表的意義。

此外，在高一到高三這三年當中，我也有一段時期曾經拿《萬葉集》來上過課。

當時我也印製了萬葉假名的講義分發給孩子們。而且不只如此，我連岩波書店出版的《英譯萬葉集》都一起印給學生們閱讀。

看著參考書解題，這種事情在家就可以做，在學校複製同樣的事情，實在沒有任何意義。所以我告訴他們，「考試的時候也會用萬葉假名出題喔」，藉此讓孩子們體會到無法從參考書上尋得，只能在課堂當中體驗到的醍醐味。

只要先默記下來就好

除了上述的做法之外，每年正月我會舉辦《百人一首》歌留多紙牌大會，同樣是為了讓他們體會到課堂才有的感覺。

第一次舉辦這個活動，是在昭和廿六年（一九五一年）的正月，剛好就是「銀之匙授課」開始的第一個冬天。《銀之匙》第十八章當中有一段描寫主角記住了《百人一首》的段落，因此我便把這個活動當成是「岔路」的一環，加以舉辦。

這個活動其實也有一個首要目標，那就是「不管怎樣先默記下來」。

《百人一首》歌留多紙牌大會。

就算對中學一年級或二年級的學生解釋《百人一首》裡的和歌，也是沒有意義的，因為他們不懂戀愛情感的複雜糾結，而這些事情只要長大成人之後，自然而然就會理解。

更重要的，就是讓他們記住這些和歌，讓他們比賽誰先拿到歌留多紙牌。一邊遊戲、一邊益發親近和歌作品，才是真正的重點。

在實際教學的時候，我進行了團體賽和個人賽兩種比賽。負責念誦和歌的人，是由學生擔任。因為吟誦這個動作，對於「不管怎樣先默記」這一點來說，具有相當大的學習效果。

在大會中獲勝的組別和學生，我會給他們一支鉛筆當作獎品，有的學生在團體賽和個人賽都獲得勝利，因此拿了兩枝鉛筆；當然也有學生一枝筆都沒拿到。

由學生擔任念誦和歌，增進學習效果。

某一次，有個孩子因為沒拿到半枝鉛筆而相當懊惱，就對拿了兩枝鉛筆的同學說「你拿兩枝實在太可惡了，一枝給我啦。」結果對方回答「我不能給你一枝，不過倒是可以給你一半。」於是就把鉛筆對折，把其中半邊給了那個孩子。由上述實例可證，學生們在認真遊戲的同時，也能透過和歌變得更加親近。

其實，不管是歌留多紙牌大會也好，閱讀古典文學作品也好，兩者的目的都是一樣的。**調查解釋之前先閱讀，先享受樂趣**。如此一來，就算剛開始閱讀時有不懂之處，未來理解到「以前念過的和歌原來是在講這些事情啊」，的日子一定會來臨。

誠如先前所說，要想培養思考能力，就必須仔細地、緩慢地閱讀一本書。同時，為了瞭解他人的生活方式以及人生的廣闊，就必須盡可能地多讀書。滿足這兩項條件之後，才算是學會了「培養出真正國文能力的閱讀方式」。

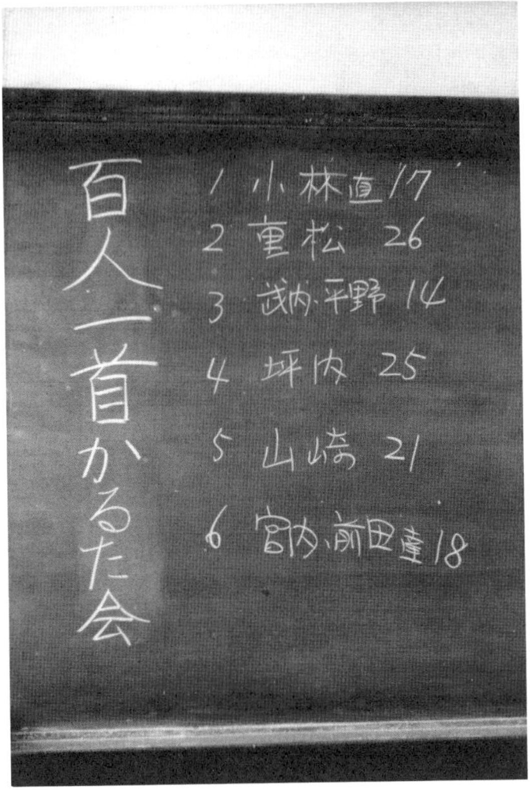

《百人一首》紙牌會的優勝者。

愈是多寫，國文的綜合能力就愈高！

前面的段落說明了「緩慢閱讀」和「盡可能多讀」能夠帶來的效果，只不過，要想培養出完整的國文能力，光憑這兩點其實還不夠。

事實上，培養國文能力的關鍵在於「寫」。

請再回頭翻閱前面第六〇頁，關於「銀之匙研究筆記」的學習方法。當初我在設計學習方法時，只需要「閱讀」這個動作就能做完的，只有「通讀」和「語句的意義」，其他像是「主題」「內容的整理」「必須注意的語句」「造句練習」「鑑賞」，根據實際情況偶爾還會加上「參考」，每一項都必須在研究筆記裡寫下一些文字。

此外，要求學生們每個月一本的課外讀物，也不只是讀過就算了，每看完一本書都必須交出兩張稿紙的內容大綱，總結全書內容。另外我還要孩子們寫出他們覺得很棒的地方，自己深受感動的地方，或是自己對書中所描述的想法抱持著贊成還是反對意見等等的感想。

為什麼我要如此堅持「寫」這個動作呢？**因為書寫這件事，能夠培養出閱讀時難以學到的「判斷力」「組織力」和「集中力」。**

當你在寫任何一篇文章時，心裡一定會考慮「這樣不妥、那樣也不妥」吧。透過一番反覆試誤後，才得到了決定寫些什麼，該如何寫的能力，也就是獲得了「判斷力」。

同時你不光只是決定下筆，還要考慮到文章的流暢度，於是也培養出了「組織力」。

當然，上述作業若無「集中力」便無法順利進行，因此我們可以藉由書寫文章，鍛鍊自己的判斷力、組織力以及集中力。

文章寫得愈多，就愈能自然培養出這些能力。

寫完之後受到稱讚，學生愈來愈喜歡國文！

另一方面，我會特別注重書寫這一部份的原因之一，是我個人的體驗其實起了相當大的作用。

事情大概發生在我小學四年級的時候。上國文課時，老師出的作業是直接把教科書的文章內容照抄在筆記本上，放學後，我和朋友互相往來對方的家中，開始了某種類似比賽寫字速度的遊戲。

上學時，我們一邊嚷嚷著「老師，我寫了這些」，一邊把筆記本拿到老師面前，老師便會回答「喔喔，寫得真好」，然後幫我打甲上。我感到非常高興，所以下次又寫好一大堆交上去，又再度得到了滿筆記本的甲上甲上……。

現在回想起來，老師的目的應該是刻意讓學生不斷抄寫文章，藉此讓我們「事後感受」作者曾經做過的事情吧。事實上，這個作法的確可以讓自己和作者的立場交換，並從另一個角度細細品味文章。

此外，在反覆抄寫的過程中，曾幾何時，寫作對我來說也不再是個問題了。上作文課時，假設題目是「寫一篇關於遠足的文章」，我就可以有條不紊地寫出從出門到回家的每一個細節，而且一堂課之內沒有辦法寫完，還要帶回家繼續寫個不停。等到我把這篇作文交給老師後，老師又會再度誇獎我「寫得真好呢」。

如此一來，讀書變得很快樂，寫作也變得很快樂，國文這一科就變得越來越討人喜歡了。為了讓孩子們也能感受到我當時的想法，所以我才會在教學時，把書寫比重安排得如此之重。

無論文章優劣與否，努力最重要

如同上述說明，我透過教學和指定補充教材，讓孩子們書寫大量的文章，但是這時的書寫，和書寫出來的內容優秀與否，兩者並沒有任何關係。我教過的學生當中，如今有許多人功成名就、事業非凡，但是我記得並非每一個人都是了不起的作家。

相反的，當初也有覺得「文章寫得真好，將來說不定會成為作家呢」的孩子，但是最後卻沒有走上這條路。我只不過是讓他們能寫多少就寫多少，所以對這些學生們來說，寫文章應該一點也不吃力吧。

此外，雖然意義上有點不同，不過我也曾經讓他們挑戰創作和歌。

有一年，我出了一項暑假作業給中學二年級的學生，要求他們閱讀《啄木歌集⑩》。一般來說，作業就是提交歌集的讀後感想，不過那一年我要求他們閱讀歌集之後，必須寫出十首以上的和歌。

後來我一一檢閱他們交出來的和歌，意外發現每一首都作得出奇的好，因此我決定製作他們的學年歌集，到高中畢業為止總共製作了十六本之多。

那段日子裡，我持續不斷地強調一件事：

「我不問和歌的好壞，我評價的是創作和歌時所付出的努力。」

當時我完全沒有半點想把孩子們培養成和歌詩人的意思，因為真正重要的是培養孩子們在創作和歌時必須的「選擇力」「判斷力」「集中力」「對字詞的纖細感受力」等能力。

因此我完全不論作品的好壞，歌集裡每個人都有一首和歌收錄其中，無論是什麼樣的和歌。此外，不管是只能做出一首的孩子，還是能夠做出十首以上的孩子，我打平常成績時都是一視同仁。

至於為什麼一視同仁，因為我覺得儘管孩子只做出一首，也不一定代表他一定在偷懶。更有可能是他在創作和歌的時候付出了比旁人更多的辛勞。

在家也能輕鬆做的「閱讀」「寫作」訓練

總而言之，不論學了多少文章寫作的技巧，當你跨入寫作這塊領域，沒有親自動手寫過，你就永遠寫不出一篇好文章。若是除去寫作這一部份，你也不必指望能學到真正的國文能力。

運動選手絕對不會中斷訓練，技術專家也不會懈於磨練自己的技巧。同樣的，書寫這件事情既是技術也是習慣，所以沒有動手實踐就不可能進步。

關於寫作，我的意見就是「讀萬卷書不如一『寫』」。

書寫、書寫、不停地寫，直到完全去除了對於寫作的抗拒感之後，才能真正自然而然地學到文章寫作的技巧。

再者，這種寫作練習其實在家裡也能輕鬆進行。舉個例子，如果只是整理書中概要或讀後感想的匯整，那麼不管什麼樣的書都可以拿來看。

此外，寫信給別人也是不錯的練習。若能長期持續書信往來，不只能夠練習文筆，累積而成的結果本身更能成為人生寶貴的自我歷史。

只是不管在什麼情況下，**父母親都不可以嘮嘮叨叨**。這是很重要的一點。父母只要為孩子們準備能夠自由閱讀的時間與環境，**如果可能，最好能看看孩子們正在讀的書**。

接下來還要仔細地閱讀孩子們寫的文章，確實挑出值得讚美的地方加以讚美，這樣就可以了。

雖然我個人完全不會用電腦或是手機之類的電子產品，不過我仍然覺得寫作還是要用手寫，如此用身體牢牢記住之後，才會真正成為自己的東西。另外我也認為手寫應該更能表現出自己的風格。

無論如何，請各位在讀書的時候不要只是用眼睛閱讀，最好能夠和書寫搭配在一起。

我相信這樣一來，對於國文和讀書時的方法，以及掌握的力量一定會有所改變的。

第2章　重新掌握「國文能力」的重點

❶ 國文能力為所有學問的基礎。

❷ 國文能力對一切生命活動都是不可或缺的。

❸ 增加知識，藉此發現有趣之處。

❹ 儘管是極為熟悉的字詞，也要換個角度重新思索。

❺ 試著透過讀書來體驗自己無法體驗的人生。

❻ 調查解說之前先閱讀、先取悅自己。

❼ 不懂也無妨，總之書讀越多越好。

❽ 養成國文能力的關鍵在書寫。

❾ 無須在意文章優劣，盡可能地多寫。

❿ 平時也要多多挑戰手寫。

【譯註①】日本平裝書的小規格，比一般版本售價便宜，且易於攜帶。

【譯註②】此二人為日本戰國故事當中的著名人物。前者為實際存在的武將，後者為其虛構的忍者下屬。

【譯註③】實際存在於日本戰國時代的武將。

【譯註④】日本特有的數學計算公式。表示某事物以驚人的聲勢成長增加，數字本身並不重要。

【譯註⑤】東海道中膝栗毛，作者為十舍返一九。於一八〇二～一八一四年間陸續出版。內容描述主角彌次郎兵衛與其食客喜多八在東海道旅途上所見的民風民情與個人經驗談。栗毛為栗色的馬，膝栗毛是指用自己的雙膝代替栗色馬，意為徒步旅行。

【譯註⑥】椿說弓張月、南總里見八犬傳，此二書為曲亭馬琴所作。前者為一八〇七～十八一一年間連載的勸惡揚善的傳奇故事，後者為費時28年（一八一四～八四二）才完成的日本古典長篇傳奇小說。

【譯註⑦】朱爾．勒納爾（Jules Renard 1864-1910），法國作家。重要作品有：《Crime de Village》（暫譯「鄉村的犯罪」）、《Poil de carotte》（暫譯「胡蘿蔔鬚」）、《動物私密語》（晨星出版）。

【譯註⑧】日本最古老的歷史書。西元七一二年完成，內容為記錄天地創始之初到推古天皇時代期間的各項事件。全書以純漢文寫成，對日本人來說十分難解。

【譯註⑨】雨月物語，作者上田秋成（一七三四～一八〇九）。一七六六年出版。內容有許多中國白話小說之改寫，但添加了許多日本特有的要素以及作者自己的思想。

【譯註⑩】啄木歌集，石川啄木（一八八六～一九一二）的短歌精選集，日本岩波文庫和新潮文庫皆有出版。

第 3 章

在教學中察覺的學習之本質

～與每種個性的孩子面對面～

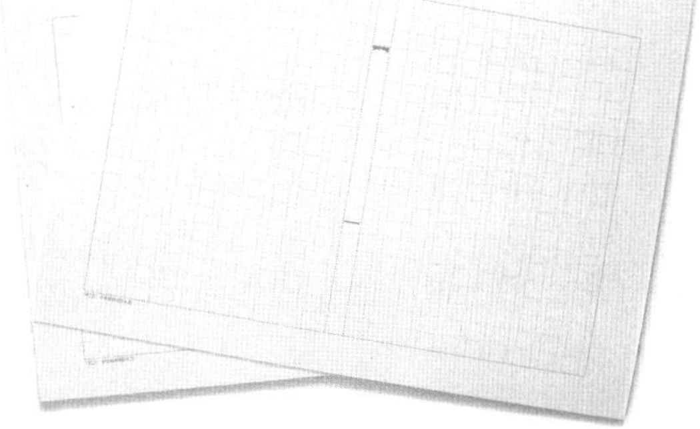

灘校五十年的教師生涯始於偶然

我是在昭和九年（一九三四年）、也就是廿一歲的時候，前往灘校擔任教職。後來我一直堅守在灘校的教職長達五十年。我想應該沒有多少人，能夠在同一間學校裡持續教書半個世紀吧。

如上所述，我的人生至少有一半是和灘校一起度過。但是剛開始的時候，我其實並不是因為自己想教書才進入灘校。

當初我從東京高等師範學校畢業的時候，周遭的人都已經接二連三地決定就職地點，唯獨我一個人選不定學校。不過就職這件事情原本就是全權交給指導老師處理，所以我依然悠哉地覺得船到橋頭自然直。儘管新學期都已經開始了，但是我還是未能決定。

此時，總算有人向我提起這間學校「是私立的，要去嗎？」當時的我不知道為什麼誤把私立兩個字聽成外國的國名，心裡還想著「大概是國外的日本學校在徵人吧」，於是便草率地回答「好，我去」。

我後來當然立刻發現是自己搞錯了。總之那個時候的我對灘校可說是一無所知。

不過，就當時的普遍認知來說，從全國師範學校當中首屈一指的東京高等師範學校畢業之後，將來一定是任職於公立學校，然後晉升為校長，運氣好一點就是爬上各區教育行政當中的最高地位——督學（教育行政官），這才是正常的升遷路徑。

另一方面，私立學校的地位則是明顯比公立學校為低，而且也沒有退休金制度和恩給（年金的一種）。所以一般世人都認為就算能在私立學校任職，那裡也不是一個可以長久工作下去的地方。我的指導老師描述著灘校的未來發展性，告訴我只要忍耐個兩三年，就可以轉任到公立學校去。

當然，我剛到灘校的時候，那裡還不像現在一樣是升學導向的學校，而是許多考不上神戶一中等的公立學校的落榜生們聚集的地方。事實上，在我的教師生涯第一年即將結束的那年冬天，我遇上了一件足以象徵當時灘校校風的驚人事件。

那天雖然是假日，但是適逢考試期間，所以我留在教職員辦公室裡。結果突然有個聲音大叫「老師、我被砍了——！」接著出現一名學生抱住肚子走了進來。我仔細一看，那個學生的肚子上可是插著一把刀子啊。

他應該是和同學們打架的時候被刺的，但是那個時候我實在忍不住暗想「我還真是來到一間不得了的學校啊」。

引發新人幹勁的放任主義

因為整體的環境是如此，所以我也不敢說自己在剛開始的時候完全沒有「反正再過一陣子自己就可以轉去公立學校」之類的想法。

早期的「銀之匙研究筆記」。

然而當我在灘校安定下來之後，我漸漸覺得這裡待起來非常舒適宜人。其中有個理由是因為怕冷的我非常喜歡這裡溫暖的天氣。不過更重要的是，**這間學校為我們準備了一個優秀的環境，讓人覺得在此上課教學非常有意義。**

當時的灘校才剛剛創校沒有多少年，但是創始校長真田範衛先生就已經抱定了主意「要讓這間學校成為日本第一的學校」。他和當時剛剛畢業、還只是個菜鳥的我第一次見面，便對我諄諄告誡：

「老師這個職業沒能做上十年，就不能算是獨當一面。」

但是話又說回來，他完全沒有因此就對新來的我說，「這樣做比較好、那樣做比較好」，處處進行指正，甚至不曾過來觀察我上課時的樣子。

這當然是我身為老師的身分獲得他的認同的證據之一，不過若是說到是否真的完全信賴我這個初出茅廬的年輕人，倒也不見得是這麼一回事。

後來我重新回想的時候發現，真田校長並不是完全沒有指導我，他只是沒有採用「開口說出來」這個指導方法，而是進行了「無言的指導」。

當新人老師一被指導「這樣做比較好」，或者是被糾正「不要這麼做」的時候，他們很容易就會覺得只要依照吩咐去做便萬事足矣。可是，一旦**上司什麼都沒說的時候，不管再怎麼不情願，你都必須自行考慮自身能力所及的最佳對策，同時進行實踐。**

憑自己的喜好做出決定，接著再朝著目標筆直衝刺。能夠做到這一點，除了我自己本身的性格之外，也有很大的原因是拜這個無言指導法所賜。

和頑皮的學生們「如兄弟般吵架」

當時的灘校和現在一樣，都是採行負責的科任老師與學生一同升級的一貫制。在舊時的教育制度下共有五個年級，因此這五年之間的國文課全部都是由我負責。

雖然也有選用政府的檢定教科書，但是關於輔助教材的選擇，還有國文課所有的時數當中何時開始教現代文，何時開始教古文和漢文之類的時間分配等，全部都是由負責的老師自行決定。

如此一來，老師自己雖然可以憑個人喜好安排課程內容，相對的，當然也要**背負起與自由同等份量的責任**。

也因為如此，我就在自己毫無餘力感受自己身為老師到底做得好不好的情況下，一直站在講台上教書。

「**首先必須讓自己能夠獨當一面。為了達到這個目的，一定要絞盡腦汁持續努力才行。**」

因為當時的我還是新人，自然容易橫衝直撞、顧前不顧後，再加上學生們全部都是年紀和自己的弟弟沒兩樣的搗蛋鬼，例如後來成為著名作家的遠藤周作同學也是當時的頑皮學生之一。

所以我有時會像是兄弟吵架一樣嚴厲地訓斥他們，同時熱血地進行指導。此外，由於所有大小事務都由自己一手負責，所以無須顧及其他資深老師的眼光，可以隨我自由進行教學，而且私立學校也不必對縣市政府的職員鞠躬哈腰……。原本完全不打算就職的灘校，在不知不覺當中已經變成我最喜愛的地方了。

就在我不斷忙東忙西的時候，過去高等師範學校的指導老師對我說的兩三年時光就這麼過去。但是這個時候，我已經完全沒有半點轉任到公立學校去的打算了。實際上確實有公立學校的人找我過去，但是我還是不想轉職。

接下來，我依照真田校長的吩咐，任職了足以獨當一面的十年之後，日本迎向了二次大戰終結之時，政府趁此機會進行了戰後的教育制度改革，從此讓灘校、還有我的教學方式出現重大的變化。

試誤學習是邁向成功的捷徑

戰後的教育制度改革，帶給了灘校各式各樣的影響。

舉例來說，除了男女合校的新型態公立學校相繼設立，由於公立學校必須配合學區制度，學生們的升學學校也被限制於學區內。因此，以灘校為首，那些累積了不錯評價的私立學校，逐漸聚集了來自公立學校的轉學生，以及過去制度下希望進入第一志願神戶一中的學生們。

在時代的潮流和教職員努力的相輔相成之下，灘校的等級於是急速上升。

另外還有一點，之前也有稍微提過；由於去軍國主義化教育的關係，以往使用的教科書一概廢棄銷毀。所以我決定利用《銀之匙》這部作品，創造出自己獨立使用的教材。

那麼，我心裡想要開始「銀之匙授課」，所以就馬上開始了嗎？其實並沒有這回事。**真正開始採用《銀之匙》和「銀之匙研究筆記」進行教學之前，我花了整整一年的時間從事準備工作。**

為什麼需要這麼長的準備期？事實上，如果我們一開始就採用國家編譯的教科書，就必須按照「學習指導要領」這份教案進行教學。

這份教案當中詳細做出了各項指示，例如「這一章應用多少教學時數」或是「這裡很重要，請著重某某地方加以指導」等。只要按照這份教案進行教學，任何一位老師都可以輕鬆勝任教學工作。

然而，如果使用的是獨立教材，那麼就必須自己親自製作指導要領，表達自己將會如何運用教材。

因此，既然已經決定把《銀之匙》當成教材，我便正式著手製作相當於指導要領、命名為「銀之匙教材研究」的教案，並開始設計課程的進行方法。

和孩子們一起迷惘困惑

《銀之匙》這本書原是我已經閱讀過無數次的小說。但是一旦要把它加工成教材而進行精讀時，就會發現書中到處都是自己不懂的單字。由於故事的背景設定在東京的低窪地區，對於關西出身的我而言，甚至連單字的意思都不知道該從何查起……。

如果書中出現意義不明的詞彙，就不可以當成上課使用的教材。因此每當發現無法理解的詞句時，我都會不加思索地直接寫信詢問作者中勘助本人。

身為國文老師卻不知道的單字，實在多不勝數。例如「味噌滓」指的是遊玩時不被大家當一回事的小孩，還有「神田大火災」事件等等。

當我去信作者中勘助老師詢問這一類詞彙的意義時，中老師寄回了極

灘中学校
灘高等学校

為細心有禮的答覆。即便是字典當中已有的詞彙，中老師也從來不曾做出「字典裡面就有，請查字典」之類的回答。

如此反覆試誤學習了一年之後，最後總算完成了「銀之匙教材研究」。爾後我便從昭和二十五年（一九五〇年）入學的新學制第八屆新生開始，以《銀之匙》作為教材進行教學。然而在實際推行之時，如果只是單純要求學生「先預習《銀之匙》」，就沒有任何學習樂趣可言了。

於是我把目標放在讓孩子們「事後體驗」當初我製作教案的過程，以「銀之匙教材研究」的內容為基礎，印製了填充題形式的「銀之匙研究筆記」講義作成補充教材，並分發給大家。

我當初的想法是讓孩子們知道自己在試誤學習的過程。孩子們會因為「老師自己也很煩惱」而更加深入《銀之匙》的世界，如此一來他們應該就會更加認真思考課本當中的詞彙意義與概要，連帶思考其他令自己印象深刻的文章。

當然，我當初直接詢問中勘助老師的部分，例如：

〔語句的意義〕

鴒子蟲。中老師的回答——所謂鴒子蟲是某種飛蝨，是一種鮮綠色的可愛小蟲，外型長得有點像烏頭花。——

我會明白在講義上註明這是經過中老師解答的答案。

從結果來看，這項作法非常成功。因為講義成功激發了學生對於新詞彙和新知識的濃厚興趣，甚至還有一些學生模仿我的作法，直接寫信給中老師詢問問題。

而中老師面對這些學生的來信，也從來不曾表現出「去問你們老師」或是「只要查字典就會知道」的態度，自始自終都是親切而仔細地回答。

這麼一來，學生們也會很高興地向我展示「我從親切的中老師那裡收到了這樣的回答」。其中雖然有些孩子問不問都無妨的問題，但若是削弱了孩子們的幹勁可就得不償失了，因此我也從來不說「你們不需要連這種問題都問」之類的話。

然而實際上，在學生們詢問中老師的詞彙問題當中，確實也有一些需要說明的句子。此時便以下列的形式加以介紹。

〔語句的意義〕

珊瑚樹。中老師回答同學——珊瑚樹是葉子長得像虎皮楠的樹木，會結出紅色的美麗果實。

就像這樣，孩子們並非單方面地接受課程內容，而是自發性地「參與」了教學。**自然而然地覺得有趣，自然而然地樂在其中，如此一來自然就會熱衷學習。**若是強迫手段，絕對無法獲得這樣的成果。

將名為《銀之匙》的作品做成相撲的場地，老師充當裁判，硬是將原作者也拉入其中，接著再讓學生們彼此相互競賽、腦力激盪，最後所得到的成品就是「銀之匙授課」。

「拼死努力」一定會打動人心

《銀之匙》這部作品原本就是中勘助本人的自傳型小說，內容是描述他從兒童時期到青年時期之間的成長故事，因此學生們可以把自己的經驗和小說主角的心情重疊在一起，進而閱讀。

再者，按照「銀之匙研究筆記」對不懂的詞句意義加以調查，或是幫每一個章節加註標題，這些動作不僅能讓學生「事後體驗」我在試誤當中學到的經驗，同時也能讓他們感受到自己彷彿和本書作者同化的感覺。

如同先前所述，直到真正開始授課之前，我一直都很擔心學生們能夠接納《銀之匙》和「銀之匙研究筆記」的程度會是如何。但是，每當我把新做好的講義拿出來時，學生們似乎都非常開心。

有一點要注意的是，我的教學課程當中當然不只「銀之匙授課」而已。除了製作講義之外，光是閱讀灘中每學年一五〇人份的讀後感想和書籍內容大綱，就占去了我極為大量的時間。

此外一有機會，我就會讓學生們創作和歌，因此我也必須對這些作品加以修改，或者是在收錄成冊時進行篩選動作。

所以我把自己的所有空閒時間，連同星期六日一起全部花在這些事情上面。

然而，因為我不斷堅持進行這種旁人幾乎無法想像的費神費力教學方式，最後自己也隱約發現了教師這個職業的特性。

這個特性就是，**所謂教師的工作，就是把自己作為人類的本性徹底展現在學生面前，相互磨合切磋。**

因為自己想要這麼做，所以我可以拼命製作謄寫版直到深夜；就算用

光我週末的空閒時間，也要看完孩子們的讀後感想。如此拼死努力的想法，一定能夠透過講義和授課傳達給孩子們知道。

當一位老師不斷磨練身為老師的自己，他的身影一定會留在孩子們的心中。我從學生們開心學習的模樣之中體會到了這一點。

這一點不光只適用於老師，只要是站在任何指導他人的立場上的人全部都適用。成年人、父母、前輩、上司，不管對象是誰，我都可以說出同樣的話。

「最棒的評價」——「你走太偏了」

至今仍有許多人問我「你就只用一本《銀之匙》來上課，難道從來沒有家長表示反對或是抗議嗎？」

可是，不管是家長、學生，甚至是我同事，**從來沒有人出言反對我的「銀之匙授課」**。更何況，我想應該不會有人為了遭受反對，而每天進行這種辛苦的準備工作，直到半夜兩三點吧。

由於當時的紙張和墨水的品質都很差，所以謄寫版印刷出來的字跡無論如何都很不清楚。因此唯有那麼一次，家長的抗議「上課時使用那種難以閱讀的講義，要是害我的兒子視力變差該怎麼辦」傳到了校長那邊。

那個時候我的確被校長叫過去，但是他只對我說「有家長到學校來說了這些話」，至於「別再這麼做了」或「印得更清楚一點」之類的話則是隻字未提。而我回答了「我自己已經很小心注意了，但是印製原料的品質太差，所以沒辦法印得很好」之後事情就結束了。

由此可知，灘校就是這麼注重每一位老師的個性與行事風格。

另一方面，我開始進行「銀之匙授課」的第一年、昭和二十五年十月時，東京教育大學（現為筑波大學）的山岸德平教授曾來視察我的上課過程。

當時他曾經說了一句感想，內容如下：

「這樣不會走得太偏了嗎？」

這句話本身應該是某種批評，但是對我來說，這正是「銀之匙授課」的重點所在，所以**我將這句話解讀成，我的上課方式獲得了教授的認可。**

我不是教育學者，也不是什麼評論家，只是一個普通的國高中國文老師而已。所以我並不是本著某種教育理念，為了實現理想才進行教學；而是抱持著**「萬事皆以行動始」，用自己想要的方式，恣意進行自己想做的事情。**

我把自己研究透徹的東西，大膽放手讓孩子們也做做看。這就是「銀之匙授課」。

不過最重要的一點就是，我能夠進行如此自由的教學，都是因為偶然來到了灘校的緣故。要是我從高等師範學校畢業後去了公立學校，相信就絕對不可能想出「銀之匙授課」這種教學方式。

念及至此，難道不覺得一個人悲觀地認為入學、就職便決定一生，實在有點言之過早了嗎？

因為在時候未到之前，你是絕對不可能知道自己的人生會在何時何地，碰上何種際遇的。

自由與責任的洗禮

近年來社會對灘校的印象出現了改變，不過過去曾有很長一段時間，只要一提到灘校就會聯想到「死讀書」「填鴨式教育」「無視學生的個性」，因而導致學校的評價下降。原因在於昭和四十三年（一九六八年）灘校的東京大學合格人數晉升全日本第一的時候，報章媒體突然替學校貼上了這些標籤的關係。

緊接在這些報導之後，還出現了一連串以假亂真的謠言開始到處流傳。內容大概是灘校把所有的體育課程，都換成了應考對策的課程，校內沒有美術教室也沒有音樂教室，而且校方還對孩子們下了嚴格的封口令，徹底禁止他們把這些事情說出去云云……。

另外，包含我在內的灘校教職員們，湊巧在東大合格人數晉升全日本第一的這一年，發行了由我們執筆的參考書。結果連這件事情都被人說成「因為現在是日本第一了，所以就出版了粗製濫造的玩意，看看會不會大賣」等，評價極差。

上述這些狀況，都是在沒有接受任何採訪的情況下發生的，我們成了報章媒體最想要的犧牲品。

然而，若要說起灘校是多麼自由的學校，實際上就和我先前所描述的一樣。**正因為是如此自由的環境，所以我才有辦法放心地和孩子們進行個性上的切磋磨合。**

與學生的嶄新邂逅始於入學考

我和灘校新生的第一次會面，可以說是透過入學考來進行的。戰後不久，日本新式教育制度隨即推行，其後約有三十年左右，我都參與了灘校的入學考試。

我在設計題目時會牢牢記住一件事，那就是不出選擇題，而是設計出必須以敘述文來回答的問題。

每個孩子的個性與想法都是千差萬別，因此，我認為應該先招收各式各樣不同的學生入學，然後再和他們每個人好好討論有關灘校的教學方針，同時培育他們成長即可。

話雖如此，我們當然也不能隨隨便便就把題目的難度降低，所以我都是以新聞時事作為題材，設計「需要思考的考試題目」。

但是，我每年都是等到過完年，才會真正出現出題的意願，所以一直以來我都是一邊擔心截稿日，一邊絞盡腦汁，費盡苦心才出好題目……。

其實，除了上述國文科入學考題目之外，我也有很長一段時間都在協助試卷的製作。

當時，灘校的入學考試題設計上有許多規則。例如必須能夠絕對公正地批改，不管多麼微小的錯誤都必須能夠嚴密審閱，必須能以極少數的人來進行高效率的處理作業等。

當我們必須設計出足以符合這些目的的試題時，若是交給外部廠商印刷，就很有可能出現考題外洩的狀況，所以為了以防萬一，我們都是在校內自行印製。

如同我先前所說，戰後的印刷方式，只有謄寫版印刷一途，而當時只要一說到謄寫版印刷就會想到我，所以從新制入學考試開始以來，試卷的印刷工作一直都是落在我的身上。

此後每一年的第三學期，我都忙得焦頭爛額。對孩子們來說，入學考就是挑戰腦力的極限。但是對於必須負責所有科目的謄寫版製作的我來說，入學考試則是挑戰個人體力的極限。

印刷試題這件事，是在考試前一天才進行的，所以從考試前一天到結果公布為止，我都住在學校裡。數學的題目相對較短，所以基本上沒什麼問題。有問題的是國文科試題，由於題目本身就很長，製作蠟紙版的作業非常累人，而且校長還會親自從頭看到尾，並提出各種意見。

過去曾有好幾年，真正確定考試題目的時間，已經是在考試前一天的晚上十點以後。由於我在確定題目之後才有辦法開始「刻寫蠟紙版」，所以理所當然徹夜未眠。我也有好幾次都在考試當天，拖著彷彿不屬於自己的輕飄飄的身體，帶著考卷走進考場。

後來隨著印刷技術的進步，複印時不再需要利用謄寫版，只是戰後有好一段時間，舉凡《銀之匙》和《徒然草》的講義製作到完成入學考試卷，我和謄寫版印刷之間一直存在著難以切割的關係。

孩子們的個性跨越時代

如此，在人稱「入學考戰爭」的競爭當中勝出，得以進入灘校的孩子們，幾乎全部都是非常聰明的孩子。

之前我也曾經說過，原本舊制時期的灘校，學生大多都是進不了公立學校的吊車尾或是搗蛋鬼。然而隨著時代演變，出類拔萃的優秀學生逐漸增加。相對的，調皮的學生則是逐漸減少。

話雖如此，不過若要問起是不是有很多孩子都是小時了了、大未必佳，實際上絕對沒有這回事。

我教過的學生當中，從東京大學總長到神奈川縣知事、醫生、律師、大企業首長、媒體相關人士等等，的確是各方人才輩出。但是**他們每一個人都是憑著自己的意志，開拓自己的道路**。此外，長年以來一直負責我的書本內頁插畫的插畫家，當初雖然是從灘校畢業後，進入京都大學法律系，但是卻選擇了不在公司就職，而是成為自由工作者。

至於最近這幾年則是有個學生歷經灘中、灘高，並從京都大學法律系畢業，後來以他拿手的英文說起相聲，現在成了相聲家。儘管我實在不知道他是怎麼用英文來做結尾的……。

總而言之，雖然每一年入學的學生都各自有其特徵，但是小孩子本來就擁有極大的可塑性，具有各種不同的個性與可能性。**為了讓他們的個性得以開花結果，所以大人必須負起責任，讓他們能夠一邊享受自由的風氣，一邊過著生活，逐漸成長。**這才是最重要的。

破壞和諧絕不容忍

儘管我再三強調自由的重要性，但是自由和任性妄為當然是完全不同的兩碼子事。尤其在學校這種群體生活的空間，服從紀律是有其必要的。就算出了社會，這項規則仍然具有非常重要的意義。

我在負責國文科的同時，當然也負責擔任班級導師，如果用稍微誇張一點的說法來形容當時的立場，就是我也必須負責進行生活行為指導。

我在生活行為指導面上與學生接觸的方式非常單純，就是「信賞必罰」。說好話、做好事的孩子一定加以稱讚，相反的若是做壞事，換言之就是不守紀律而帶給他人困擾的學生，則會加以嚴厲斥責。

其中最好的例子就是遲到。如同先前所述，學校生活就是群體生活，所以只要有一人遲到，就會破壞班上的和諧。

同時我也不斷告誡孩子們，一定要小心注意自己對他人的發言。舉例來說，就是當你對朋友的言行感到火大時，也要在自己發脾氣之前先在腦中想像一下「如果我這麼說的話，對方應該會那麼想才對」，然後才行動。

嚴守時間，還有在進行任何行動之前先思考，就算只想一秒鐘也好。只要有心去做，人人都能做到這兩件事。然而若是一直辦不到，導致我必須不斷重複同樣的話時，我就會責罵他們「去走廊罰站！」或者是用我自己鍛鍊的拳頭，朝著學生的頭頂重重敲下去。

明辨是非，享受自由

一九六〇年代後期，全日本都吹起了學生運動的風潮。這些運動可說是學生為了追求自由與自治而掀起的戰爭。這股風潮同樣也吹進了灘校，整體氣氛頓時變成了學生們對校方做出眾多請願的狀況。

其中一個主要環節就是服裝自由化。當時的學生會為了爭取學生的服裝自主權而發起多次抗議運動。我聽到他們的要求之後想：「如果是灘校的話，就算讓他們自由穿便服上學也應該不會有問題吧，而且這也是時代的趨勢，就認同他們的要求吧。」

於是我便在教職員會議上提議「讓服裝自由化應該也無妨」，結果聽到這個消息的學生會成員對我這麼說。

「要是老師也認同服裝自主權，我們會很困擾的，請表現出『老師接受了學生的要求』的樣子吧。」

而我則是回答「可以呀」，並接受了學生們的說法。畢竟灘校的校風原本就十分自由，讓學生自由選擇服裝這點小事，相信也不會帶給別人任何麻煩。只要不帶給別人麻煩，理當就能痛快享受自由。就這樣，灘校實現了學生服裝自由化。

然而在服裝自由化通過之後，馬上就出現了穿著大紅色衣服上學的孩子，如果是現在，穿著大紅色服裝的孩子要多少就有多少；可是就當時的一般認知來看，這樣還是有點太過火了。不管再怎麼謳歌自由，學生就應該要有學生的樣子。

儘管這種事情很難拿捏分寸，但是我們也不可能什麼都不說。但是話又說回來，像這樣的孩子，如果劈頭就是一頓痛罵「不准穿紅色的衣服！」他也只會極力反抗而已。所以我是這樣開導他的。

「年輕人原本就有年輕這個正面形象，如果硬是加上另一種正向的誇張打扮，正正反而會得負喔。」

「演藝人員之所以會打扮華麗，是因為他們為了能夠獨力撐起廣大的舞台，只好想辦法讓自己更加醒目，因此才會穿著醒目的衣服。普通人做這種打扮可是會讓人看不下去的喔。」

如此曉之以理之後，隔天那個孩子就穿著普通的衣服來上學了。

不管怎麼說，對於學生，灘校並沒有任何約定成俗的規定。換言之，灘校的環境就是「乍看之下會讓人覺得所有的一切都是自由的」。現在的社會可能也有類似的感覺。也因為如此，當我們必須糾正他們不符合學生本份的自由時，就必須用簡單易懂的道理來讓他們接受。這就是最好的方法。

為他人著想，即為成長的證明

另一方面，戀愛，是正值青春期的男孩子最大的煩惱，同時也是最大的希望。這件事情和自由與束縛其實也只有一線之隔。所謂戀愛是人類再正常不過的情感動向，自然可能出現過度自由的情況。在這種狀況下，《銀之匙》可以隨意走上岔路，但是戀愛可就不能亂走岔路了。

我常常對學生說出下列這番話：

「當你因為見到對方而感到十分激動的時候，也不要忘了在發言之前先考慮一下能不能把這些話說出口，就算只考慮一秒鐘也好。」

「當你在戀愛時，千萬不要一想到什麼就立刻行動，而是要先在腦中考慮一下做出這種事情到底好不好，做出那種事情究竟行不行。就算只考慮一秒鐘也好。」

對於戀愛的處理態度，其實我給的建議，就和在學校生活中應該注意的事情一樣。戀愛也是一種人際關係，所以**假藉自由這塊免死金牌來任意妄為的自我中心的孩子，就必須嚴厲地訓誡。**

只會考慮自己的事情、腦袋裡記不住東西，這就表示他還只是個孩子。如果自己會討厭別人對自己說的某些話，對自己做的某些事，那麼別人也一定會討厭那些行為。

當一個人自然而然地學會了對待他人的同理心之時，才算是真正地長大成人。

第3章　連結「教學」與「學習」的重點

❶ 沒有人給你指示時，你就只能自行思索學習方法。

❷ 負責教學的人不要隱瞞自己的試誤過程，讓孩子們事後體驗吧。

❸ 若能讓孩子們覺得有趣，那麼他們自然就會進行學習。

❹ 大人應該對孩子展現自己作為人類的本性。

❺ 試著透過經驗，來傳遞人生當中確實會發生自己意想不到的事情。

❻ 每個孩子的個性與想法千差萬別。

❼ 想辦法讓他們憑自己的意志開拓自己的道路。

❽ 大人必須為孩子們打造得以持續成長的環境。

❾ 確實告訴他們自由與任性妄為的不同之處。

❿ 對待他人的同理心，就是長大成人的證明。

第 4 章

日常生活中就能接觸到的「學習」「發現」之岔路

～希望未來的大人們預先知道的事～

正因為不拿手，學習才有樂趣！

到目前為止，我敘述了有關在學校和教室裡的學習方式。然而實際上不管是在校內還是出社會，只要活著，讀書和學習就會一直陪伴在我們身邊。因為學習才會有所成長，而成長之後又會面臨新的學習，成長和學習就是這種一體兩面的關係。

也因為如此，快快樂樂地面對學習，肯定比較理想。

可是呢，不管別人再怎麼強調快樂學習的重要性，相信絕大多數的人一定都會這麼想：「不拿手的東西，不管再怎麼做都不可能變得有趣。」

的確，就算別人一個勁地告訴你「快去克服自己不拿手的東西」，那也不是想做就能做到的事情。但若是置之不理，不拿手的東西就算過了一輩子，也還是一樣不拿手。這樣實在有點可惜。

為什麼可惜？因為時常聽聞，有人在努力進行自己不拿手的事物時，**不知不覺中就變得拿手起來，或者是反過來喜歡上那件事情。**

為什麼不拿手？是哪一個部份不拿手？什麼時候開始覺得自己不拿手？要是繼續這樣不拿手下去，將來會是如何呢……。請先試著詢問自己這些問題，正面面對自己不拿手的事物。因為有些時候只要這樣做，自己就會發現不拿手事物的治療方法，或者是與不拿手事物的相處方式。

舉個例子，如同之前所說，我在報考東京高等師範學校之前，花了一番工夫徹底研讀自己不拿手的數學科，理由是什麼？因為如果我能想辦法解決不拿手的數學科，就可以拉大自己和其他考生的差距。同時我也深信這樣做的結果一定能讓我考上。

製作自己專用的教科書

說來可能有點難以置信，其實我就算是在成為國文老師之後，也還是非常排斥在人前說話，或是解釋課程內容。

當初念高等師範學校的時候，實在騰不出太多時間念書，可能也是原因之一。總之我以新進教師的身分站上灘校的講台時，第一件感受到的事情就是自己的學識不足。其中又以自己到底該怎麼去教連自己都很不拿手的國文文法，最讓我感到煩惱。

要想徹底了解文法，本來就必須從頭熟記各式各樣的規則，但是對我來說這實在是一件麻煩事。

儘管如此，我還是在學期剛開始的那一段時間成功蒙混過去。但是隨著學習程度的提高，學生們肯定會看穿我的文法知識其實有點不夠。因此我在就職第一年的暑假興起一個念頭，決定重新從頭開始學習文法。

第一個步驟，就是把各種文法教科書和參考書攤在桌上，開始比較。我在文法這一科總是敬陪末座。所以我特別把重點聚焦在如何才能簡單明瞭地說明文法，還有如何才能針對問題點導出讓人接受的答案，然後再循序漸進地閱讀教科書。

負責指導的人應該要這樣教，接受指導的人應該會對這些地方存疑，為了消除排斥感，最有效的做法應該是什麼……。我一邊想著這些問題，一邊以「製作自己專用的教科書」的心態，開始認真地研究。

如此一來，原本盤據在腦中的「文法迷霧」就這麼逐漸散去。雖然這才是真正的「教學即學習」，但我其實是藉由站在教學者和學習者雙方面的角度，才得以用單一主線的形式，掌握到原本混亂不堪的文法知識。

後來，我甚至以當初的特訓基礎，完成了國文文法的參考書。這本書不是由什麼國學大師，而是由我這個拿文法沒輒的人所寫的，相信一定會比普通的文法書要來的好懂一點。

婚禮的大挫敗！

在人前說話的機會只會愈來愈多。在學校裡是如此，出了社會亦然。然而卻有非常非常多的人十分排斥在人前說話。

雖然這麼說，但其實我也很不擅長毫無保留地在人前說話。直到現在，我仍然覺得自己並非擅長說話的人。

當了五十年國文老師的人竟然不擅言詞，這種話說出來可能會讓人懷疑。當然，如果現在是在討論我的本業——國文教學的話，別說是五十分鐘，再久我都能一直說下去。

不過若是問到自己能不能在課堂以外的場合好好說話，答案會是我真的不拿手。對我來說，明確地決定談話內容，同時還要兼顧說話時必須讓對方聽懂，這件事情實在非常困難。

其中又以我在年輕時犯下的巨大錯誤，最讓我耿耿於懷，至今依舊難忘。

那件事情發生在畢業生的婚禮上。原本我只是以普通出席者的身分參加婚禮，結果卻被臨時叫上台，要求我說出幾句祝福的話。我當然什麼稿子都沒準備，但是在自己的學生面前也不能直接拒絕，所以只好硬著頭皮開口發言。

然而，我馬上就舉手投降了。

最終是開口了，但是腦袋裡完全想不出來應該說些什麼。我不斷重複同樣的話，不然就是結結巴巴……。結尾時則是說出了「就這樣、就這樣，反、反正就是這樣」之類，接二連三地說出連我自己也聽不懂的話，讓我留下了非常難堪的回憶。

從此我的想法就有了改變。只要出了社會，我們永遠也無法預料何時何地會被要求上台發言。所以除了隨時做好心理的準備之外，也要先做好發言內容的準備，才能應付真的被人叫上台時的狀況。

不需要在意嘲笑

如果是事先邀請我上台演說，或是參加致詞等活動，自然不能用「我不太會說話」這種理由拒絕。

這種時候，我都會要求自己，在說話時一定要小心控制自己的心情起伏，結果證實，這種說話方式往往比想像中更容易讓人接受。

至於按照時間規劃結束演說，這項技巧則是透過平日的教學訓練而來，所以自然而然就學會了。另外再加上自己稍微提醒自己盡量不要緊張，如此一來才好不容易變得比較會說話。

後來，我再也不像以前那樣極力排斥站在人前發言，至今在人前說話的次數也已經累積到了相當程度。

在這一點一滴的經驗累積當中，我了解到一件事。那就是到頭來不管你是如何不情願，隨著致詞、演說和演講的次數不斷增加，你的說話技巧一定會跟著變好。既然只要不斷累積登場次數，那麼試著讓自己抱持著「被嘲笑也無妨」的心態開口說話，就是最關鍵的重點了。

總之，不要害怕自己辭不達意，先開口試試看，如此一來，說不定就能以此為契機，讓自己的緊張情緒徹底放鬆下來。

如果事情的發展不如己意，此時只能告訴自己這是無可奈何之事，先暫時放棄。之後若是還有機會，也請一定要大無畏地再次開口。總而言之，千萬不要畏畏縮縮地躲在一旁，一定要試著開口，這才是最重要的。

除此之外，若是可以再加上另一個重點，那麼音量的大小也是在說話時必須注意的地方。

我在上課的時候，就算最後一排的學生有超過半數都在打瞌睡，我也還是會告訴自己，一定要讓聲音清楚地傳進他們的耳朵裡。

堅持這麼做的原因，其實是因為以前我當學生的時候，也曾經坐在教室的後半部。當時實在很難聽清楚老師的聲音，於是便留下了痛苦的回憶。我不想讓我的學生碰上同樣的慘劇，所以上課時總是用很大的音量慢慢說，這個習慣至今依舊不變。

慢慢地、大聲地說，只要這麼做，聽你說話的人應該也會更容易聽進去才是。

不拿手的「說話」掀起了巨大話題！

我「本來很不喜歡說話」這件事情，成為意外的契機，最後甚至在《朝日新聞①》上登載。

我在平成廿二年（二〇一〇年）的灘校同學會上進行了演講，而演講時間不多不少，正好控制在三十分鐘便結束。

這個完美掌控時間的技巧，是我在平常上課時鍛鍊出來的，而且和我個人的性格也有很大的關係。不過更重要的一點就是，我最討厭聽別人說長篇大論，世界上沒有比這件事更讓人難受的了。

因為我有堅定的決心，希望「自己說話時一定要在限制時間內結束」，所以我的演說總是精準地在規定時間內結束。

姑且不論理由為何，有個在《朝日新聞》當記者的畢業生，認為我把時間控制在剛好三十分鐘的說話技巧十分令人讚嘆，於是便跑來採訪我。後來這篇報導選在平成廿三年一月一日這個值得慶祝的日子，刊登在《朝日新聞》上。

至於第一章介紹過的週六講座，則是讓我異常緊張的國文課。儘管它應該是我的拿手絕活才對。但畢竟這是睽違了廿七年的灘校講台，如果以「銀之匙授課」來說的話，更是相隔三十四年之久了。

除了真的是隔了太久之外，當我得知各大報章媒體還有電視台都要過來採訪，老實說我只覺得「好恐怖」。

而且，眼下已經出版了《奇蹟教室》這本詳細介紹「銀之匙授課」的書，所以我也不能隨便亂講其他的東西。

要是讓人出現「大家都說是奇蹟教室啦、傳奇名師什麼的，結果也不過如此嘛」的想法，那就太糟糕了。不僅會讓我無顏面對幫我出書的出版社，更重要的是自己長久以來一直從事的事情，也有可能因此蒙上一層陰影。

平成23年（2010 年）6月18日，灘校週六講座的情景。

因此，我一定要成功說出讓人覺得「果然有引爆話題的價值」的話才行。為了這個目的，我這個不擅言詞的人，還是努力運轉著我這個不擅言詞的腦筋，拼命思考著該說什麼才好。

最後，我決定優先讓現在的灘校學生們實際體會多方岔路的「銀之匙授課」究竟是什麼，因此我把重心放在「學習」和「遊戲」上面。至於媒體則是先放到一旁。

結果孩子們和媒體們似乎都非常認同我的做法，這才讓我鬆了一口氣。

說話時，心意比形式更重要！

當我仍是灘校老師的時候，只要提到和說話有關的事情時，我都不去進行太過明確的指導。因為我認為，說話其實就和寫作一樣。不該從說話技巧著手，而是先在腦子裡把自己想說的東西，用自己的思維思考過一遍，

這樣才是正確的。

先前也曾經提過，我的上課方式是讓學生們能夠不去計較成績和分數，自由地發表自己的想法。總之，就是要他們寫出自己的想法，並上台發表。至少我個人從來不曾要求他們應該這樣做，或是應該那樣做。

因為我日復一日地進行這樣的教學，所以孩子們也自然而然地學會了專屬於自己的說話風格和發表方式。

若要追究我這番話的意義所在，大概是「不擅言詞的人只要回歸原點即可」。也就是說，當你真的不得不開口時，盡力將自己的心意傳達出去才是最重要的，說話方式和技巧的重要性，大可排到第二、第三名去。

年輕時的學習壓力，催生了真正的餘裕

我常常聽到有人討論近年來的教育，不過說實話，我真的聽不太懂。不懂之處有二。

第一是我不熟悉現在這個時代的狀況。第二，就是我無法理解現在的學校和老師到底想要做什麼。

先前曾經提過，我認為教師的工作，就是把自己作為人類的本性徹底展現在學生面前，相互磨合切磋。那麼問題來了，抱持著同樣想法的老師到底有多少呢？

加強英文之前，先加強國文能力！

從平成廿三年四月起，英文成為小學五、六年級學生的必修科目。這

個做法，讓學習英文的風氣更甚。但是話說回來，你不覺得**其實我們應該投入更多的力量，努力把注意力轉移到所有學問的基礎**——培養國文能力上嗎？

儘管現在從小學就開始教導英文，但是實際上究竟能學到什麼程度，老實說，我抱持著懷疑的態度。

如果真的是喜歡英文、對英文感興趣的人，那麼就算不從小學開始學應該也無妨，從國中開始學習應該就足夠了吧。

我曾看過這樣的例子。

過去在灘校時期，我曾用桑原武夫的《文學入門》一書作為教材使用，書裡有一張清單，上面記載的是五十本英美文學的精選代表作。

某次同學會時，有一位畢業生對我這麼說。

「老師，您之前曾說這張清單上的作品最好可以看過一遍，所以我就全部找來看了。」

能把那張清單上的書全部看完，實在是一件了不起的事，於是我便開口稱讚他「真是厲害啊」。

然而這件事情，似乎並不只是「把清單上的書全部看完」那麼單純。

我問清楚詳情之後，嚇了一大跳。

這位畢業生，**他看完的是那張清單上所有作品的原文書**。儘管其中一本已經絕版，但是他把其他書籍全數入手，並閱讀完畢。他還說，這四十九本書是「排列在我家書架上的傳家之寶」。

他的英文能力其實並不特別出眾，而且他也不過是從國中才開始學英文的。

然而足以閱讀文學作品原文書的英文能力，的確可以從國中才開始的英文課當中習得。相信這也是一項證據，說明不論是誰，只要是對英文有興趣的人，都能做到這種程度。

照理說應該是如此，但是現在的做法則是從小學開始，不管是喜歡英文還是不喜歡英文的孩子，一律要求他們學英文。這樣一來，最後應該只會造成老師和學生雙方面的負擔。

我教過的學生們，只要國文成績好，英文的成績也會同樣優秀，無一例外。從閱讀能力的觀點來看，這樣的結果實在非常理所當然。

「填鴨式教育」的時機

總而言之，學生們應該趁就讀國高中，趁自己還年輕的時候盡量學習，盡可能地多讀書，盡量對各式各樣的事情感到好奇，思考各式各樣的問題。實際進行這些事情是非常重要的。在敏感的年少時期直接接收到的刺激，還有實際體會到的趣味性，儘管形式可能會發生改變，但是一定會以某種形態永遠留存在心中。

當然，我們沒有必要把學過的東西全部記起來，畢竟這件事情基本上是辦不到的。儘管偶爾會感到痛苦，但是還是要去閱讀、書寫，以及思考。就算已經瀕臨極限，但是只要繼續堅持下去，將來這些辛勞一定會變成「內心的餘裕」回報在自己身上。

這就是所謂的「教養」。

確實付出大量勞力學來的東西，一定會在某個地方派上用場。之後這可能就會進化成「東大的國文題目根本簡單到不行」吧。當年「銀之匙授課」第一期畢業生（昭和卅一年、一九五六年畢業），他們才剛踏入社會沒多久，就曾經說出下句有點囂張的話。

「最近的年輕人真的很不像話。竟然連天干地支都說不出來。」

進行必要之外的學習，才會產生從容的餘裕，這才是「寬鬆教育」②的真正意義。至於戰後出現的「寬鬆教育」，在我看來除了「怠惰教育」

之外，什麼也不是。

老師和學校大概都是假藉「寬鬆」之名，行怠忽職守之實吧。所以現在的學力一年不如一年，他們自己也因此開始慌張起來。然而在真正的寬鬆教育當中，「填鴨式」教學的重要性，應該會逐漸增加才對。

當然，針對考試的填鴨式教育，並不是我們討論的對象，我在這裡提及的填鴨式教育，指的是「教養的填鴨」。

這樣的累積工作，不是為了達成大學入學考之類短視近利的目標，而是當你在往後的人生當中碰上各種困難時，一定能夠派上用場。

人生的樂趣和興趣等比例成長

不只侷限於學校，在人生當中也不可或缺的「學習」，應該可以用「興趣」來稱呼。對我來說，興趣的重要性完全不亞於工作。

實際上，我至今全神貫注其中的興趣真的多得嚇人，例如相機、錄影帶、國內旅行、鄉土玩具、收集青蛙擺設品、流行服飾、茶道、能劇、創作短歌和俳句、謠曲、觀賞歌舞伎和人形淨琉璃③、社交舞等等……。

如果教師生活是我人生當中的正途，那麼這些興趣正是我人生當中的「岔路」。愈是走上岔路，樂趣也會愈多。而岔路的數量愈多，人生就會隨之變得更加豐富，知識觀念也會變得更開闊。

興趣可提高人生的應對能力

另外，透過興趣而拓展開來的知識觀念，有時會在意想不到的地方派上用場。

舉例來說，我有一個興趣是和觀賞能劇有關。

過去曾有主辦單位為了學生召開一場「能狂言」④聚會，而我必須在聚會上解說有關能樂的東西。於是我便由能樂的特徵之一「序破急」來建構內容結構，進行演說。

所謂序破急，是用來描述能樂或雅樂進行段落的專業術語。「序」是開頭導入的部分，節奏沉穩；「破」是中盤鋪陳的部分，節奏固定而緩慢；「急」則是節奏輕快的結尾部份。

當時我是把序破急三項要素，與我另一項興趣——寶塚歌劇結合在一起介紹。後來有位專業的能樂樂師對我說出了「實在非常令人感動」的讚美之言。

當然，我並不是預知了可能會受到讚賞這種事情，所以才把能樂當成興趣的。我只是自然而然地把累積在自己腦中的知識拿來應用，結果竟獲得了這樣的高評價。

總而言之，只要依自己的興之所至走上「岔路」，那麼對於該事物的理解程度也會隨之提升。此外，這裡所說的「岔路」可以是高爾夫，也可以是圍棋、將棋、觀賞棒球賽，不管是什麼事情都可以。

等到你徹底走上「岔路」之後，就要重新回頭審視自己的正途，回到自己的正途。如此一來，原本是本業的學習或工作，都一定會變得比以前更加多采多姿。

相反的，如果沒有任何興趣，只被單一事物，比方說只被工作束縛住，世界無論如何都會變得越來越狹隘。不管是多麼深入的研究，仍然只能獲得狹隘的知識。

只要活在世上，人類就必須直接面對許多不同的事物，必須仔細思考許多不同的東西。既然如此，**只要走上「岔路」的經驗愈多，對於各種狀況的應對能力應該也會愈高。**

沉迷時要專注，放棄時要乾脆

在我數不清的各種興趣當中，尤其令我沉迷到無法自拔的就是寶塚歌劇⑤。

我是從六十歲左右開始看起寶塚歌劇的，但是真正促使我前往觀賞的契機，則要回溯到四十年前，我還在念東京高等師範學校的時候。

當時我偶爾會前往淺草觀賞某位松竹歌劇院的舞者，也就是我的初戀情人的表演。可是過沒多久，我們的感情就逐漸變淡，而且最後確定我必須前往灘校就職，所以我下定了決心「是時候放棄這些少女情懷的事物了」。

然而到了六十歲時，我在電視上看到了寶塚的演出，感觸頗多。從此每個星期我都會定時收看那個節目。到最後電視節目再也無法滿足我，於是我就直接跑去看現場演出。親臨現場，讓我覺得自己更加感受到她們的美好。

我一直對於自己當時能和少女情懷的事物訣別感到驕傲，從來不曾想過自己竟然會迷上寶塚。為了測試自己對於寶塚的喜愛是出自真心，還是只是一時衝昏了頭，所以我從第一天開始就故意天天連續看同樣的表演，時間長達一星期。

我原本心想，這樣應該就會厭倦了吧，但是出乎意料的是，我卻完全沒辦法脫離，反而整個人更加深陷於寶塚的魅力當中。

從此之後，我對於寶塚的熱愛之情，更是一發不可收拾。直到我因為生病而無法前往觀看為止的廿年之間，有幾年我甚至可以一個月看十幾次，一年看一五〇次，幾乎每兩天就會跑去看一次。

貼在自家柱子上的寶塚女明星姓名貼紙。

除此之外，五十歲那年我也曾和妻子一起挑戰社交舞，同時也學習了謠曲（在能樂當中使用的歌曲），另外茶道也稍有涉獵。

我就是像這樣趁著忙碌工作的空檔，在接觸到的事物當中拓展自己的興趣。

另一方面，一旦發現自己似乎已經到達極限，我就會乾脆地放棄。因為如此反覆進行，所以我才有辦法學到各式各樣的新事物。

不管怎麼說，**興趣這種東西，能夠讓你的人生變得更開闊，當你熱衷的興趣數量愈多，你的人生就會變得愈快樂。**我可以憑著自己的經驗如此斷言。

永遠都要尋找新問題

「就算你說要依照自己的興趣走上岔路，但是我實在不知道該做些什麼才好，而且我又沒錢……」

現代社會中因工作而忙碌不堪的人，還有學生，可能有不少人抱持著這種想法。然而實際上就算不是自己的興趣，也還是有多不勝數的方法能夠讓自己走上岔路。

所謂「岔路」就是讓你開始思考的契機。

而這些岔路其實就分布在日常生活當中，就看你自己有沒有辦法發現而已。

最重要的一點就是，儘管你不懂也無妨，總之先試著對任何事物都抱持疑惑。

舉例來說，白色為什麼會稱為「白」呢？紅色為什麼會稱為「紅」呢？為什麼白色不能稱做「紅」，而紅色不能稱做「白」呢？

除此之外，為什麼英文的紅色會是「red」，或者是同屬於漢字文化圈的中國，為什麼會把紅色稱為「赤」呢？

像這種事情，就算真的去查，也可能查不出個所以然，但是先不管到底自己懂或不懂，思考這些事情，本身就十分有趣。

像這樣隨時運轉自己的大腦，就算是自己覺得理所當然之事，也要抱持著「為什麼會這樣」的疑問。

如此一來，就會想要拼命調查那些事情，就算自己搞不清楚狀況，也要先思考看看，於是便自然養成了凡事都要思考的習慣。

對於任何事物都要動用自己的思考迴路加以思索，這就是在日常生活中實踐「慢讀」的方法。

平成23年10月，於ＮＨＫ文化中心西宮花園教室舉辦的特別講座「奇蹟教室——學習不如遊戲」的情景。

第4章　前往日常生活中可見的「岔路」之重點

❶ 不拿手的事物，才有學習的快樂存在。
❷ 試著和不拿手的事物面對面。
❸ 以「被嘲笑也無妨」的態度，嘗試所有事物。
❹ 年輕時所感受到的壓力，體驗到的快樂，會伴你一生。
❺ 學習超過實際所需的事物，將來一定會派上用場。
❻ 不需要針對考試的填鴨，需要的是教養的填鴨式教育。
❼ 為了豐富自己的人生，應多方培養興趣。
❽ 走上岔路之後再回到正途，本業就會變得更多采多姿。
❾ 人生的應對能力和岔路經驗的多寡成正比。
❿ 面對任何事物都要抱持疑問，養成凡事思考的習慣。

【譯註①】日本第二大報社。

【譯註②】與填鴨式教育相對，減少知識方面的學習時間與內容，將重心放在經驗傳達方面的教育方式。

【譯註③】淨琉璃是配合音樂節奏說書的所有音曲的總稱。人形淨琉璃則是泛指所有搭配淨琉璃演出的人偶劇。

【譯註④】意指能樂與狂言，但也可用在單指狂言一項。狂言是日本傳統藝能之一，主要內容為喜劇表演。

【譯註⑤】實塚歌劇團，完全由未婚女性所組成的劇團。主要根據地在兵庫縣實塚市。自一九一四年舉辦初次公演以來，廣受歡迎至今。

第 5 章

人生就是持續的學習

～累積 100 年的生命力軌跡～

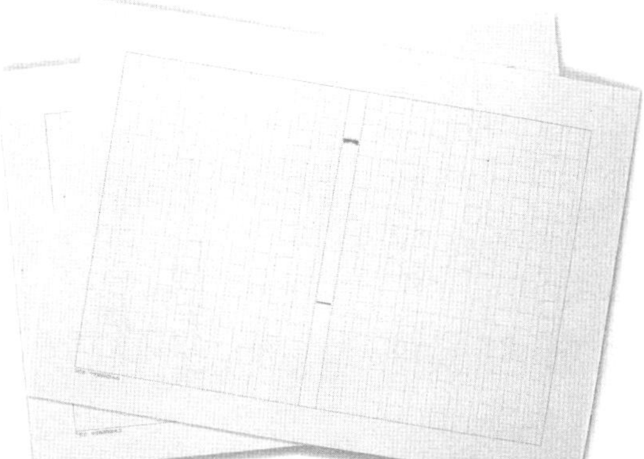

順其自然的生活方式，讓人生更豐富

除了熱衷於自己的興趣，持續不斷地走上「岔路」，還能用來形容我百年人生的關鍵字，就是「一切順其自然」。

老實說，當我回顧自己的人生，舉凡任何重要的轉捩點，例如就職和結婚等等，相當於開展第二人生的場合，我的行動大多是**別人怎麼說我就怎麼做，船到橋頭自然直，或是自然而然地配合時間的潮流**。

至於某些必須由我自己做出「現在非這麼做不可」的決定性時刻，我當然會自己選擇、自己決定。例如決定報考東京高等師範學校的時候。

當時的高等師範學校並不只有東京一所，廣島也有。但是一旦決定進入高等師範學校，我的眼中除了東京高等師範學校之外，再也容不下其他任何學校，這是為什麼呢？

因為當時的我年紀尚輕，氣血方剛，心想反正都要考了，那就乾脆報考最困難的最高峰，到日本的中心——東京，去試試自己的能力。同時我也做好覺悟，如果不幸落榜，那就只能做代課老師或是臨時雇用的老師。

此外，當我決定推行「銀之匙授課」的時候，我當然也同樣做好了相當程度的覺悟。

盡情去做自己喜歡的事情

發生在「東京高等師範學校」和「銀之匙授課」之間，「前往灘校赴任」這件事，則是完全聽從指導老師的吩咐，一切都是順其自然。

此外，剛剛才提過的興趣培養，其實幾乎都是先有人邀請我，然後我便以坦率的心情開始試著做做看，這已經是某種固定模式了。

更甚者，連結婚也是如此。在一般人的人生當中，結婚應該是一件需要重大決心的大事件。

然而關於這件大事件，也是在戰爭結束後不久，因為有人問我「要不要相親？」而我回答「好，我知道了。」隨後立刻在第一次相親結束之後決定結婚。當然我的婚姻也是非常成功的。

如果還要再提和結婚相關的事，大概就是我在五十多歲時蓋了一棟新居。我順從妻子友人的介紹，買下了高台上的土地，在那裡蓋了一棟新房子。

當時本來打算加蓋地下室，但是那塊地的岩盤實在太硬，挖不下去。畢竟土地是自己沒有事先調查清楚就買了下來，所以也只好無奈放棄原本的計畫。然而多虧有這塊堅硬的岩盤，當阪神・淡路大地震發生時，我家只遭受到一點點輕微災害而已。

我相信自己之所以會這樣一切聽天由命的原因，可能是因為我本身完

與妻子同遊。

全沒有和他人競爭的意思，沒有想要大富大貴的企圖，也沒有對於誰勝誰負的執著。

這似乎是與生俱來的天性。我雖然有在運動，但是無論如何都無法對某項運動著迷。還有花牌、麻將和撲克牌等遊戲，雖然會玩，興致始終不高。

相對的，**只要大環境能夠讓我盡情去做自己想做的事情，那麼我就不會再多抱怨些什麼。**

關於這一點，灘校的環境可說是具備了最棒的條件。所以當年走偏，沒有往出人頭地之路邁進一事，其實對我來說根本無所謂。

除此之外，當我從灘校退休時也是一樣。當時自己根本沒有半點繼續工作的意思，但是退休後，馬上有一位補習班的班主任邀請我到他們那裡上課。

當時我第一時間的回答是「不可能」，但是對方卻沒有因此放棄，不斷遊說我「請別這麼說，只要過來看一下就好了。」因為實在拗不過他，我便暗自決定「如果只是看看的話，就去看一下好了。」同時我也對妻子說「看過之後就會馬上回絕的」，然後就出了門。

活得愉快的祕訣，就是順其自然

然而就在我和那間補習班的班主任聊天的過程中，我的想法不知不覺就變成了「既然這樣，那我接下這個工作應該也無妨」。等我回到家向妻子報告「我答應對方了」的時候，就連她都覺得有點受不了。

不過就結果來說，這個決定其實還是很不錯的。因為我雖然從灘校退休，但是仍然透過站在補習班的講台上教書，讓頭腦繼續接受各種刺激。

如果我按照當初的計畫，過著悠遊自在的退休生活，每天盯著電視看，就此度過餘生的話，我的腦子可能就會因此變得遲鈍。**意料之外的補習班工作，反而為我帶來了身心方面的健康。**

當然，這種說法只不過是結果論。雖然只是結果論，但我還是認為，自己完全聽天由命的婚姻和就職，之所以會如此順遂，還是有某種不知名的原因存在。

比方說，人一旦到了某個年紀，就會開始認為這一切都是祖先的指引，是祖先在冥冥中告訴我們朝某個方向走比較好，安排我們走上比較理想的道路。

另一種說法可能稍微誇張了點，不過除了身體之外，我認為我的腦袋和個性也全部都是從祖先那裡繼承下來的。也就是說，連遺傳方面都有祖先的指引。

再者，我原本就會透過閱讀來體驗各式各樣的人生。就像我培養興趣的時候，總是一邊聽從別人的意見，一邊滿心佩服地一頭栽進各種事物一樣，我的個性其實非常容易接納來自周圍的刺激與建議。

可能正是因為如此，我才能夠自然而然地順著週遭人士的意見，轉換自己人生的行進方向。

不管怎麼說，我之所以能在人生中，享受到這些就偶然來說，實在太過完美的結果，都是因為自己做了許多聽天由命的決定之故。

與學生結下超越時空的緣分

乍看之下可能是聽天由命，但是實際上卻是誕生於人與人之間的深厚連繫，這種東西就叫做「緣分」。

正如同日本俗語「袖口互觸亦為累世之緣」①所說的一樣，活到現在這個年紀，**我真的能夠更加深刻地感受到，自己確實和各式各樣的人都有著深厚的緣分。**

在這多不勝數的種種緣分當中，最能稱得上是奇蹟的，就是我和中勘助老師之間的緣分。

我非常仰慕中勘助老師，程度之高，甚至到了使用他的著作來當成教材。能和中勘助這樣的人物生活在同一個時代，呼吸同樣的空氣，真的讓我覺得是無比深厚的緣分。

我第一次和中老師見面，是在《銀之匙》第一期學生升上高中一年級的時候，所以是在昭和廿八年（一九五三年）的春天。當時我接獲消息，知道中老師夫婦兩人來到關西旅行，投宿在金閣寺塔頭，於是我便帶著五個學生一起去見他。

在那之後，我每次前往東京時，都會造訪中老師位在東中野的住家。中老師是一位非常在乎他人感覺的人。想當初我第一次拜訪他在東京的住家時，他甚至事先寄給我，前往他家路線圖的信件。

此外，當中老師和夫人在一起的時候，一整個沉默寡言，但是在夫人說完「我去泡個茶過來」並離席時，中老師便突然開始說起話來。

我想他應該是不願意讓客人覺得尷尬，所以才刻意地努力說話吧。

還有另一個想忘也忘不掉的，就是我和學生之間的緣分，也就是感情。

灘校其實只是一間一學年僅有二〇〇個學生的小規模學校，同時又採用了科任老師和學生一同升級的的一貫制，因此我們每六年才有辦法見到新生一次。而我現在已經一〇〇歲了，仍然可以和這些天文數字機率下才能見到面的學生們，彼此開誠布公地來往，難道這不就是貨真價實的奇蹟嗎？

可以的話，我希望自己能夠盡量維持這些緣份，所以我每年都會參加十場左右的同學會和種種相關活動，此外還會藉由書信往來，和自己的學生們保持連絡。

在這層意義之下，《奇蹟教室》的出版，還有後來媒體的一連串報導，更讓我和學生之間的距離突然一口氣縮短了好幾倍。

舉個例子，我教過的學生當中，有位山崎敏充同學，他現在的工作是日本最高法院事務總長，地位極高，對於日本陪審團制度的導入貢獻良多。

相遇即是必然，絕非偶然！

如此位高權重的山崎同學，曾經寄了一封信給我，內容說的是他在平成廿三年一月一日的《朝日新聞》上看到了那篇介紹「銀之匙授課」的報導。這封信是在報導刊登出來不久後便寄到，所以可以清楚感受到閱讀報導後執筆寫信的山崎同學，他心中的意念確實非常濃厚熱切。

信中主要提到了「銀之匙授課」和當年每月一冊的必讀書目。同時也詳述了他的感謝之語，還有當時的感想等等。

對我來說，這就是至高無上的喜悅，就是身為老師所能得到的最佳報答。這證明了我的教學方式超越了時空的束縛，至今仍然留存在我的學生們心裡。

其實自從畢業之後，我和山崎同學已經有四十年沒聯絡了。然而當我收到信的那一刻，長達四十年之久的空白，還有這個學生現在的頭銜之高，種種顧慮全部都在瞬間消失無蹤。

同時，當年我和這些學生一同處在教室中的懷念情景，也一一浮現眼前，心中頓時充滿了感動之情。

我在平成廿三年十一月時，得到了日本版的搞笑諾貝爾獎（Ig Nobel Prize）——國際第二隻泥鰍獎。

過去從來不曾得過什麼獎，我為了出席這次的頒獎典禮，自己一個人搭上了新幹線，前往東京。

抵達之後才發現，怎麼會場裡面聚集了一大群我以前的學生呢？山崎同學如是，另外還有神奈川縣知事黑岩祐治同學等等，太多太多了。

舊制時期的學生們，現在也都已經八十幾歲了。看到這副光景，我真的覺得十分開心。

到現在，我教過的學生們，仍然可以突破年齡、畢業年份、還有生活據點和工作方面的不同限制，聚集到同一個地方。

「該怎麼說呢，我在日本版搞笑諾貝
爾獎裡伸手抓住了第二隻泥鰍。」

日本版搞笑諾貝爾獎（諧音：國際第二隻泥鰍獎）頒獎典禮的光景。

這樣看來，我和我的學生們能在灘校相遇已是奇蹟，而這同時應該也是某種必然之事吧。

一如預期地相會，再經過同窗學習而培養出來的緣分，至今仍然將我們緊緊維繫在一起。這件事情實在讓我既驚訝又歡喜。

永遠持續下去的奇蹟「銀之匙授課」

本書開頭部份就已經提過，我在平成廿四年七月滿一〇〇歲。就我的感覺來說，和九四、九五歲的時候相比，體力似乎有點衰退。不過除了打掃和做飯兩件事情委託看護，其他事情我都還有辦法自己動手。

從我現在的生活方式，還有「銀之匙授課」出現在報章媒體時的印象來看，大家可能會認為我從年輕的時候就很一直健康，而現在則是延續了當時的狀態。

不過，實際上完全不是那麼一回事。要說我從小到老都是在重大疾病當中度過，其實一點也不為過。

舉例來說，我在十幾歲和卅幾歲的時候，各得了一次腹膜炎，臥病不起。另外在四十多歲的時候，因為深夜期間太過熱衷於「謄寫版教材製作」，導致香菸抽得越來越兇，到最後甚至還有醫生對我說「要是繼續這樣抽菸的話，實在沒辦法保證你活得下去」。

更甚者，我在八十一歲的時候，曾經因為大動脈瘤剝離被緊急送到醫院。當時多虧我的學生黑岩祐治同學四處奔走，找來了緊急救護技術員，我才得以恢復呼吸，但是院方表示我的年紀太大，所以不可能動手術。連醫生也宣告「沒辦法治療。頂多只能把囤積在胸腔的血液吸出來」。但是在醫生抽掉內出血的時候，原本從橫膈膜一直延伸到腹部的大動脈損傷，竟然在不知不覺中凝結起來，呈現結痂的狀態。

儘管主治醫生不斷強調「是奇蹟、是奇蹟啊！」但是我在這次住院期間，曾在半夢半醒之中親眼看見了三途之川②，表示當時的我真的是命懸一線。

再加上我在八十五歲時遭逢車禍，被車子狠狠撞倒在地上。當時我被救護車送到醫院去，但是奇蹟再次發生，我頭上的傷口只需要縫七針，僅止於輕傷而已。

我的人生之中，病痛和傷害就是這樣接連不斷，但是不管怎麼說，我仍然平安無事地一直活到了今天。

人類的健康來自於身體和頭腦的平衡

雖然不算是「健全的精神、寄宿在健全的身體中」，但是對一個人類來說，不管年紀是十三歲、五十歲還是一〇〇歲，頭腦和身體兩方面的健康真的非常重要。

身體和頭腦並不是完全不相干的兩種東西。當身體虛弱時，腦袋也會跟著變虛弱；而腦袋變得虛弱，就表示你的想法會不得不朝較糟的方向前進。

當然，光是鍛鍊身體而不動腦，也同樣不是好事，應該要同時運作腦袋和身體，維持身心的調和，這才是最重要的。

就個性方面來看，我覺得自己相當幸運，只要感受不到壓力，我就不會畏畏縮縮。從旁人的眼中來看，可能會覺得我正處在一個艱苦不堪的情況下，但是我卻從來不曾感受過讓人忍不住想死的沉重煩惱與痛苦。

另一方面，我也極少對人發怒。儘管在灘校時期，偶爾會對學生大發雷霆……，不管怎麼說，這大概只能說是天性吧，實在應該好好感謝一下祖先才是。

另外，在我數不清的興趣當中，只有收集青蛙擺飾和製作線裝書兩項一直持續到現在。其中，收集青蛙擺飾是從到灘校教書之後不久就開始的，對我來說是持續最久的興趣。

我還會將所有介紹過我的報章雜誌，和朋友之間的來往信件，還有自己創作的短歌和隨筆整理起來，裝訂成一本線裝書。這項活動也同樣持續

放在家中的大量青蛙擺設。

到現在。

我的做法就和我當初進行「銀之匙授課」時，將孩子們花時間寫完的講義加上封面裝訂而成的「銀之匙研究筆記」一樣。我用細繩穿過一張張貼有信件和報導的紙張，加上封面，然後分送給我的朋友。

製作線裝書的這項作業，正是靠書寫來鍛鍊腦部，靠穿線來運動身體的最佳體操。

首先要先考慮到黏貼的文章內容，然後再決定素材應該如何配置，光是思考這些事情，便足以充當腦部的運動了。

另一方面，就是為了影印而外出前往便利商店，這真的是一項很棒的運動。

就算到了便利商店，運動仍然不中斷。為了影印，我必須不停地站起來又坐下去，張數不對的話又要重新放入新的紙張。再者，影印其實也是一種需要長時間久站的辛苦工作。

另外我還覺得，經常和他人見面也是一種維持健康的方法，每天和看護聊上一、兩個小時，就是一種很好的振作精神方法，再加上時常和學生們見面，也是一種很好的刺激。

從灘校時代開始的人生步調

雖然我很注重健康，但是就連我自己都覺得一個一〇〇歲的人，生活作息實在不應該是這個樣子。老實說，我現在的作息和以前在灘校拼命製作「謄寫版」的時候差不多，凌晨才睡可以說是家常便飯。

以前我心血來潮製作的「自我歷史伊呂波加留多」③的「Ki」卡片，上面寫的內容是這個樣子的：

「規則地（Kisoku）晚睡晚起」

然而現在這句話已經變成了「不規則地晚睡晚起」。平常等我看完書，寫好東西之後，進浴室洗澡，通常時間都已經是半夜兩、三點了。偶爾十二點就上床睡覺的時候，心裡還會暗想「啊，今天還真是早睡啊」。

不過話說回來，正因為我始終持續同樣的生活作息，所以我的頭腦才會像以前一樣持續運轉。要是我在休息的時候一直盯著電視看，不知道會變成什麼樣子。**雖然我做的一切都只是順其自然，但是就結果來說，維持過去的生活作息，應該是正確的選擇。**

總之，製作線裝書、寫書、校正書本內容，還有從灘校退休以來一直持續至今，在文化中心裡進行每月一次的源氏物語白話文翻譯教室等等，**想做的事情太多，實在讓我覺得很困擾。我真的覺得自己忙到沒有時間死**

掉，我還想要更多更多的時間。

吃飯、喝水，發現新知

關於食物，我實在不敢要求太多。打從年輕時的窮學生時代，到後來的戰爭，讓我習慣了貧困的生活，所以只要是吃的東西一律照單全收。但是每一口送進嘴裡的食物，我都會固定咀嚼一〇〇次。惟獨這一點是我刻意要求自己這麼做的。

另一方面，既無法戒掉、也不想戒掉的一項習慣，就是睡前小酌。就算當天已經累到快要癱掉，睡前都還是要喝一點啤酒。

我年輕的時候也會喝日本酒，但是去灘校教書之後，曾經發生過飲酒過量的事件，所以我就不再喝了。至於現在我則是專攻啤酒，我喜歡把國外進口的啤酒倒進杯子裡喝。

香菸和日本酒，我都在很早以前就戒掉了。所以現在的嗜好就只有啤酒了。

原本我的習慣就是凡事都要想東想西，就連平常的小酌時間，都有可能因為任何突如其來的想法而出現變化。

例如前幾天就發生了這樣的事情。

那天，我拿到了從大溪地進口的啤酒「HINANO」。當我正要喝的時候，被酒標上的英文字母「HINANO」和「TAHITHI」嚇了一跳，因為這兩個字正好和日文一樣，每一個音節都有一個母音存在。

再加上「HINANO」的「HI」和「HIMIKO④」的「HI」互通，而「HI」在日文中就是「日」。日本這個國家的名字以前叫做「日之本（Hi No Moto）」，這樣的話，日本人的祖先有可能是來自南方……。

原本只是想要喝啤酒，但是卻在不知不覺當中變成在探討日本起源論，我想這應該是我親身實踐「**一邊遊戲、一邊學習**」的最佳範例吧。

地球的整體性

其實我心裡想的東西，從來就不侷限在周遭所發生的事情。每當我偶爾拿起報紙閱讀，上面寫的全都是殺人事件或戰爭等悲慘的新聞。

原本地球就不是非常廣闊，但是現在卻四處可見戰爭的蹤影。就我看來，地球本身也是一種生物。別說是日本，就算是美國也會發生大地震；世界上任何一個地方爆發天然災害，絕對不是什麼稀奇的事。

所以我們沒有那種可以把地球丟在一旁，自顧自地發動戰爭的空閒。人類應該要多多反省，團結一致，思考如何善待地球。

總而言之，如果地球死去，人類也不可能活著，首當其衝的原因，就是我們鄰近的星球都沒有空氣。依我個人意見來看，**地球能夠籠罩在空氣之下，就已經是十分不可思議的事情，更是十二萬分的奇蹟。**

當然，遼闊的宇宙中，可能會有和地球相似的星球，但是我們沒辦法現在立刻遷居過去。而且那顆星球上應該也會有和人類相似的生物，說不定就和人類一樣好勇鬥狠……。

實際經過戰爭、地震洗禮的我，真的由衷希望地球上的人類們能夠更加更加關注這些事情。

雖然沒有直接相關，但是我在灘高時代所舉辦的「古典文學共同研究」的後記當中，曾經寫下這段話。

「人類的生活一旦離開社會就無法成立。在同一間學校的同一間教室裡，聚集在同一位老師名下的伙伴們，當大家為了達成共同的目標而彼此借助對方的力量時，若能了解同心協力所帶來的成果之豐碩，那麼就應該將這種意識延伸出去，最後與世界和平的可能性相互連結，應該也不是什麼難事。試著去做所有自己認為是善事的事情，我相信這樣的勇氣一定是由這份工作所帶給我的。」

當然，我並不打算強調這番話對於現今的情況依然成立，但是如果把「同一間學校的同一間教室」換成「同一顆星球的同一個國家」，似乎還是有幾分道理。

當你在上課，或是在家裡，不妨想想，現在這一秒鐘，你和世界上的人們一同活著的意義究竟是什麼？往後應該要如何面對這份關聯性？這應該是個不錯的嘗試。

最後的夢想：大還曆與「銀之匙」

我猜，對於人類心懷夢想這件事，應該並沒有什麼時間限制。像現在，即將一〇〇歲的我就有兩個目標。

第一個目標，

活到一二〇歲的大還曆。

先前提過的大動脈瘤剝離，讓我不得不放棄到現場觀看寶塚歌劇，因為我再也沒有辦法持續坐在劇院椅子上三個小時不動。我萬分不捨地認為自己和寶塚的緣分可能就此斷絕。

然而，當我迎接虛歲九九歲的白壽⑤時，鳳蘭小姐等寶塚劇團的明星們，竟然為我舉辦了一場盛大的宴會。當時我身穿代表白壽的純白西裝，胸前別了一朵鮮紅的玫瑰胸花做為搭配，以這副打扮前往赴宴。

趁這個機會，我也決定將來要活到虛歲一〇八歲的茶壽⑥、一一一歲的皇壽⑦，還有一二〇歲的大還曆⑧；然後出席每一場壽宴時，我都要穿上特別的衣服。

茶壽的時候，就把白壽時的白色西裝染成茶色；皇壽就在身上佩戴金色的飾品；至於大還曆，我決定穿上和白壽正好相反的大紅色西裝，配上白色的玫瑰胸花登場。

然後第二個目標，

就算投胎轉世也要成為灘校的老師，繼續進行「銀之匙授課」。

其實，我現在正在動手製作和過去使用的內容完全不同、嶄新的「銀之匙研究筆記」。

幾年前，我和自己的學生們互相交流了初版「銀之匙研究筆記」，這份初版「銀之匙研究筆記」還曾受到研究中勘助學者們的高度評價。

當時我突然靈機一動。

「我都已經對《銀之匙》研究到這種地步了，真希望能在灘校再一次進行『銀之匙授課』。」

但是在那個時間點上，我認為自己不管是年齡還是體力都已經不可能負荷，於是我開始想，等自己投胎轉世之後，還要再次以灘校老師的身分站上講台。儘管有點荒誕無稽，但是我就這麼開始動手製作轉世後會用上的新版「銀之匙研究筆記」。

現在已經完成了七八成左右。之前在灘校的週末講座上使用的「銀之匙研究筆記」其實就是基本雛形，等到徹底完成的時候，我打算把這份教材當成全新的「銀之匙授課」教材，交給灘校保管。

不必多說，我當然不可能知道往後究竟會不會出現第二個實行「銀之匙授課」的人，也不可能知道這個人到底是不是我的轉世。

但是，難保將來不會出現一位老師，看過灘校保管的「銀之匙研究筆記」之後，決定試著採用看看，而且我個人深信那號人物就是我真正的轉世。

我時常心想，《銀之匙》和「銀之匙授課」就是我的人生。

這個世界總是有人會區分人生當中的勝利組和失敗組，他們是以經濟方面的成功做為指標，再用成功或失敗來對一個人的人生做出判斷。

但是所謂成功，難道真的可以只憑經濟層面而判斷出來嗎？

我不知道。

我雖然不知道，但是我還是要勇敢說出一件事，那就是能夠盡情用自己想要的方式，去做自己想做的事，對我來說就是成功。

今天想做這個，明天想做那個，而我能在今天完成這一個。光是這樣就足夠了，我不會再奢求什麼。

我一路走來都是這麼做的。

將來也會用同樣的方式一直走下去。

讓人開心得不得了的「學習之日」，我每天都持續在做。

第5章　使人生更能快樂深入「學習」的重點

❶ 有時不妨放任自己聽天由命。

❷ 與他人結識不僅是奇蹟，同時也是必然。

❸ 做好頭腦與身體的平衡調節。

❹ 保持適合自己的生活作息。

❺ 當你會因為想做的事情太多而感到困擾，這才算剛剛好。

❻ 思考一下，為什麼你現在會和世界上的其他人同時存在。

❼ 不管年紀多大，都要抱持夢想。

❽ 所謂成功，就是用自己想要的方式去做自己想做的事。

❾ 今天可以做到這件事，人生足矣。

❿ 學習之日至今仍然持續。

【譯註①】意思近似「十年修得同船渡」。

【譯註②】日本傳說中分隔人世與陰間的河川。

【譯註③】卡片遊戲的一種。以伊呂波之歌的47字和外加的「京」字為字首，上面書寫俗語或短歌的卡片共48張，另外還有互相搭配的48張的圖案卡片，共計96張一組。遊戲方法語歌留多相同，比較適合兒童。

【譯註④】漢字寫「卑彌呼」，是古代日本邪馬台國的女王。

【譯註⑤】白壽，指虛歲九九歲。白字是由「百」字減去「一」得來。用來祝賀高齡老人的賀詞。

【譯註⑥】茶壽，與白壽同為祝賀高齡老人的賀詞，「茶」字的上半部艸為「雙十」，下半部為「八十八」，故茶壽為一〇八歲。

【譯註⑦】皇壽，與白壽同為祝壽之詞。「皇」字可拆解為「白、一、十、一」，「白」字從白壽，相加可得一一一歲。

【譯註⑧】大還曆為還曆六〇歲循環兩次之義，故為一二〇歲。亦可稱為「昔壽」，因為「昔」可拆為「雙十」與「百」。

後記

自從我結束在灘校的「銀之匙授課」後，過了三十幾年，如今這個授課方式之所以像是造神運動一樣，被吹捧成「慢讀」的原因，我相信應該是因為戰後教育的改革聲浪高漲，因而逐漸成為社會大眾開始討論的話題。

然而這不是我為了自我宣傳而提出這項論點，而是過去讀了《銀之匙》的其中一個孩子，同時也是現任神奈川縣知事的黑岩祐治同學，在幾年前出版了《恩師的條件》（暫譯）（Lyon社，後更名為《灘中—奇蹟的國文教室》由中央公論新社再版），《銀之匙》授課法才獲得了廣為流傳的契機。

這個現象受到NHK電視台的矚目，透過「THE COACH」這個節目介紹到全日本；接著再由小學館專訪我和《銀之匙》的孩子們，並將內容集結成《奇蹟教室》（暫譯）一書。因為這樣，我長年以來的夢想終於得以實現。至於我是如何重新站上灘校的講台，進行「銀之匙授課」的經過，則放在本書的第一章。

這一次，則是由日本實業出版社出版了我自己的作品《百歲老師的奇蹟教室——不用國文教科書，成為升學第一名校的祕密！》一書。

這是我以《銀之匙》的孩子們為主題，第一次認真把我真正想要告訴所有的學生，關於「學習能力」的這件事情全部寫下來。我想這一本書的成品應該是一本連我自己重新閱覽都會被深深吸引，相當有閱讀價值的書。

說出這種老王賣瓜、自賣自誇的話實在不勝惶恐，但是在您閱讀之後，究竟有著什麼樣的感想呢？如果能夠讓我知道，相信一定沒有比這更幸福的事情了。

由衷感謝您願意讀到最後，在此衷心獻上我最誠摯的感謝。合掌。

平成二十三年暮冬吉時

青蛙居士　橋本 武

國家圖書館出版品預行編目資料

百歲老師的奇蹟教室：不用國文教科書，成為升學第一名校的秘密! / 橋本武作；江宓蓁譯. -- 初版. -- 新北市：智富, 2013.05
面； 公分. --（風向；60）

ISBN 978-986-6151-43-9（平裝）

1.教育

520 102004614

風向 60

百歲老師的奇蹟教室：不用國文教科書，成為升學第一名校的秘密！

作　　者／橋本 武
譯　　者／江宓蓁
主　　編／簡玉芬
責任編輯／陳文君
封面設計／鄧宜琨
出 版 者／智富出版有限公司
發 行 人／簡玉珊
地　　址／（231）新北市新店區民生路 19 號 5 樓
電　　話／（02）2218-3277
傳　　真／（02）2218-3239（訂書專線）
　　　　　（02）2218-7539
劃撥帳號／19816716
戶　　名／智富出版有限公司 單次郵購總金額未滿 500 元（含），請加 50 元掛號費
酷 書 網／www.coolbooks.com.tw
排版製版／辰皓國際出版製作有限公司
印　　刷／祥新印刷股份有限公司
初版一刷／2013 年 5 月

I S B N ／978-986-6151-43-9
定　　價／260 元

DENSETSU NO NADA KOU KYOUSHI GA OSHIERU
ISSHOU YAKUDATSU MANABUCHIKARA

Originally published in Japan in 2012 by NIPPON JITSUGYO PUBLISHING CO., LTD..
Chinese translation rights arranged through TOHAN CORPORATION, TOKYO..

Printed in Taiwan

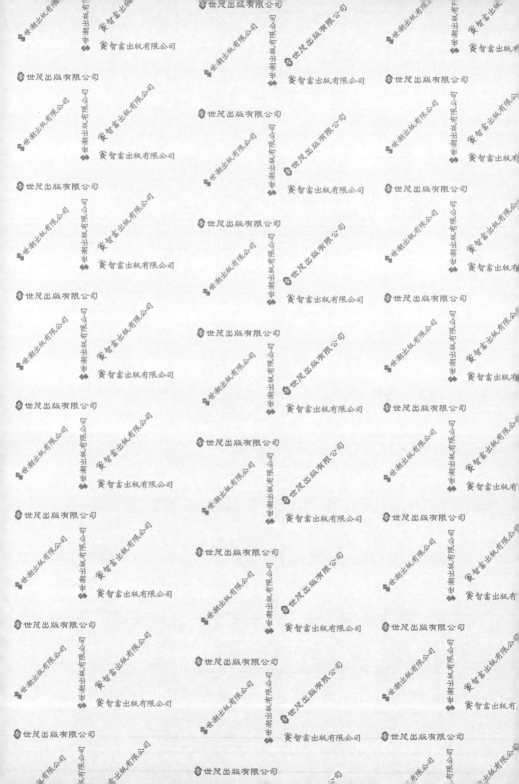